げんき① ワークブック　もくじ

GENKI

MÉTHODE INTÉGRÉE DE JAPONAIS DÉBUTANT
TROISIÈME ÉDITION

初級日本語〔げんき〕

げんき

〔第3版〕 Ⅰ

ワークブック
CAHIER D'EXERCICES

フランス語版

VERSION FRANÇAISE

坂野永理・池田庸子・大野裕・品川恭子・渡嘉敷恭子
Eri Banno / Yoko Ikeda / Yutaka Ohno / Chikako Shinagawa / Kyoko Tokashiki

the japan times PUBLISHING

NE PAS SCANNER OU METTRE EN LIGNE !
· Scanner ce livre et rendre disponibles les fichiers sur Internet est une violation du droit d'auteur.
· Les e-books GENKI sous licence officielle de The Japan Times Publishing sont listés sur notre site.

初級日本語 げんき I ［ワークブック］（第 3 版）フランス語版
GENKI : Méthode intégrée de japonais débutant I [Cahier d'exercices] (Troisième édition) Version française

2023 年 9 月 5 日　初版発行

著　者：坂野永理・池田庸子・大野裕・品川恭子・渡嘉敷恭子
発行者：伊藤秀樹
発行所：株式会社 ジャパンタイムズ出版
　　　　〒 102-0082 東京都千代田区一番町 2-2　一番町第二 TG ビル 2F
本書の無断複製は著作権法上の例外を除き禁じられています。

First edition: September 2023

Illustrations: Noriko Udagawa
French translations and copyreading: Amitt Co., Ltd.
Narrators: Miho Nagahori, Kosuke Katayama, Toshitada Kitagawa, Miharu Muto, and Léna Ginuta
Recordings: The English Language Education Council, Inc.
Typesetting: guild
Cover art and editorial design: Nakayama Design Office (Gin-o Nakayama and Akihito Kaneko)
Printing: Nikkei Printing Inc.

Published by The Japan Times Publishing, Ltd.
2F Ichibancho Daini TG Bldg., 2-2 Ichibancho, Chiyoda-ku, Tokyo 102-0082, Japan

Website: https://jtpublishing.co.jp/
Genki-Online: https://genki3.japantimes.co.jp/

ISBN978-4-7890-1837-1

Printed in Japan

本書について

このワークブックはテキスト『初級日本語 げんき』の補助教材です。今回『げんき』第3版を制作するにあたり、テキストの改訂内容に合わせてワークブックも加筆修正を行いました。

「会話・文法編」には、第1課の前にひらがな練習カード、第2課の前にカタカナ練習カードがあります。まずは文字を学んでから、練習に取り組んでください。各課には、テキストで導入された各文法項目につき1ページのワークシートがあります。ワークシートでは既習の文法項目や語彙も復習しながら学習項目の定着を図ることができます。対応する文法項目の番号が表示されているので、必要に応じてテキストの文法説明を確認してワークブックに取り組むといいでしょう。

各文法項目を学習した後は、「答えましょう」と「聞く練習」で総合的な練習を行うことができます。「聞く練習」には1課につき、会話文を中心として3つまたは4つの問題が収録してあります。

「読み書き編」は、漢字の練習シート（Kanji Practice）と漢字の穴埋め問題（Using Kanji）で構成されています。『げんきⅠ』のワークブックには英文和訳もあります。漢字の導入後、書き方を覚えるまで、この漢字練習シートを使って何度も書いてみましょう。まず、漢字のバランスを意識して薄く書かれている文字をなぞってから、右側の空欄に何度も書いて練習します。筆順はテキストの漢字表を参考にしてください。

穴埋め問題は、文の中に漢字や熟語が意味のあるものとして含まれていますから、必ず文全体を読んでから解答してください。『げんきⅠ』の英文和訳の練習では、習った漢字をできるだけ使って文を書いてみましょう。

このワークブックをテキストと併用することで、より効率よく初級日本語を学ぶことができるでしょう。

À propos de ce livre

Ce cahier d'exercices est conçu en tant que complément au manuel *GENKI : Méthode intégrée de japonais débutant*. La conception de la troisième édition du manuel a nécessité d'apporter des ajouts ainsi que d'autres changements au cahier d'exercices afin de le rendre conforme au nouveau texte.

La section Conversation et grammaire de ce livre comprend des cartes mémoire pour l'apprentissage des *hiragana* avant la Leçon 1 et des cartes mémoire pour l'apprentissage des *katakana* avant la Leçon 2. Assurez-vous d'apprendre ces caractères avant de commencer les exercices. Chaque leçon comprend une feuille de travail pour chacune des règles de grammaire présentées dans le manuel. En plus de vous permettre de vous exercer avec du nouveau contenu, ces feuilles de travail vous aident également à renforcer votre compréhension du vocabulaire et des questions de grammaire rencontrés au cours des leçons précédentes. Le numéro de chaque règle de grammaire est indiqué afin que vous puissiez, si nécessaire, trouver rapidement l'explication qui s'y rapporte dans le manuel, et ainsi la revoir avant de vous exercer avec le cahier d'exercices.

Après avoir étudié chaque nouveau concept grammatical, il est possible de le réviser de manière exhaustive grâce aux sections Questions et Compréhension orale. La section Compréhension orale de chaque leçon comprend trois ou quatre activités qui impliquent l'écoute de dialogues et d'autres enregistrements audio.

La section Lecture et écriture comprend des feuilles de travail sur les kanji (Entraînement à l'écriture des kanji) et des questions à trous sur les kanji (Utilisation des kanji). Le tome 1 comprend également des traductions du français au japonais. Vous devriez écrire les nouveaux kanji rencontrés sur la feuille plusieurs fois, jusqu'à ce que vous les mémorisiez. Dans un premier temps, entraînez-vous à tracer les kanji en repassant sur les traits légèrement imprimés, tout en faisant attention à l'équilibre des caractères. Puis, continuez à vous exercer en copiant les kanji dans les espaces blancs situés à droite, autant de fois que nécessaire pour les mémoriser. Pour l'ordre des traits, veuillez vous référer au tableau des kanji dans le manuel.

Pour les questions à trous, il vous faudra lire la phrase dans son intégralité avant de la compléter, afin d'apprendre à utiliser les kanji dans un contexte. Lorsque vous travaillez sur les traductions du français au japonais du tome 1, vous devriez, dans la mesure du possible, utiliser les kanji étudiés précédemment.

En utilisant ce cahier d'exercices en parallèle du manuel, vous apprendrez le japonais débutant de manière plus efficace.

読み書き編
よ か へん

会話・文法編
かいわ ぶん ぽう へん
Conversation et grammaire

Système d'écriture du japonais — 1 *Hiragana* 🔊 W-JWS1

1. Écoutez l'enregistrement audio et étudiez les *hiragana*.
2. Une fois familiarisé avec les caractères, découpez les cartes le long des lignes continues, puis exercez-vous à lire les *hiragana* en vérifiant leur romanisation au dos des cartes.

	a	i	u	e	o
	あ	い	う	え	お
k	か	き	く	け	こ
s	さ	し	す	せ	そ
t	た	ち	つ	て	と
n	な	に	ぬ	ね	の
h	は	ひ	ふ	へ	ほ
m	ま	み	む	め	も
y	や		ゆ		よ
r	ら	り	る	れ	ろ
w	わ				を
	ん				

o	e	u	i	a
ko	ke	ku	ki	ka
so	se	su	shi	sa
to	te	tsu	chi	ta
no	ne	nu	ni	na
ho	he	fu	hi	ha
mo	me	mu	mi	ma
yo		yu		ya
ro	re	ru	ri	ra
o (wo)				wa
				n

あいさつ　Salutations

➤ Que disent ces gens ? Écrivez en japonais (en *hiragana*) l'expression qui convient à chaque situation.

1. _____

2. _____

3. _____

4. _____

5. _____

6. _____

7. _____

9. _____

8. _____

10. _____

11. _____

12. _____

13. _____

14. _____

すうじ　Nombres

➤ Lisez ou écoutez les nombres suivants et retranscrivez-les en chiffres arabes. 🔊 W-Suuji

(a) ご　　　＿＿＿＿＿＿

(b) ぜろ　　＿＿＿＿＿＿

(c) きゅう　＿＿＿＿＿＿

(d) さん　　＿＿＿＿＿＿

(e) なな　　＿＿＿＿＿＿

(f) に　　　＿＿＿＿＿＿

(g) ろく　　＿＿＿＿＿＿

(h) いち　　＿＿＿＿＿＿

(i) はち　　＿＿＿＿＿＿

(j) よん　　＿＿＿＿＿＿

(k) じゅうろく　　　　＿＿＿＿＿＿

(l) よんじゅう　　　　＿＿＿＿＿＿

(m) にじゅういち　　　＿＿＿＿＿＿

(n) ひゃくろくじゅうよん　＿＿＿＿＿＿

(o) きゅうじゅうに　　＿＿＿＿＿＿

(p) さんじゅうご　　　＿＿＿＿＿＿

(q) ななじゅうろく　　＿＿＿＿＿＿

(r) じゅうはち　　　　＿＿＿＿＿＿

(s) ひゃくごじゅうなな　＿＿＿＿＿＿

(t) ひゃくいち　　　　＿＿＿＿＿＿

第1課　1　X は Y です

☛Grammaire 1

I Regardez le profil de Takeshi et décrivez-le en japonais.

1. たけしさんは＿＿＿＿＿＿＿＿＿＿＿＿＿＿＿。

2. たけしさんは＿＿＿＿＿＿＿＿＿＿＿＿＿＿＿。

3. たけしさんは＿＿＿＿＿＿＿＿＿＿＿＿＿＿＿。

Takeshi, 22 ans
Japonais
Étudiant de 4ᵉ année

II Traduisez les phrases suivantes en japonais en utilisant la structure « X は Y です ».

1. Mme Ogawa est japonaise.

＿＿＿＿＿＿＿＿＿＿＿は＿＿＿＿＿＿＿＿＿＿＿です。

2. M. Takeda est enseignant.

3. Je suis un étudiant étranger.

4. Haruna est une étudiante de première année.

5. Mme Yamamoto a 25 ans.

第1課 だい いっ か 2 Phrases interrogatives ☞Grammaire 2

Ⅰ Regardez le tableau à la page 46 du manuel et complétez la conversation.

1. Q：メアリーさんは_____
   め あ りー い   *étudiante de première année ?*

   A：いいえ、にねんせいです。

2. Q：やましたせんせいは_____
                quel âge ?

   A：よんじゅうななさいです。

3. Q：たけしさんは_____
              japonais ?

   A：_____

4. Q：ロバートさんは_____
   ろ ば あ と   *(étudiant de) quelle année ?*

   A：_____

Ⅱ Posez la question qui convient pour chacun des échanges suivants.

1. A：_____

   B：よねんせいです。

2. A：_____

   B：じゅうきゅうさいです。

第1課 3 Nom₁ の nom₂

☞ Grammaire 3

I Traduisez les phrases suivantes en japonais en utilisant la structure « A の B ». Notez que l'ordre dans lequel apparaissent les deux noms peut être différent en français et en japonais. Reportez-vous à la section Grammaire 3 (p. 43).

1. Numéro de téléphone de Takeshi   _____

2. Mon ami   _____

3. Professeur de japonais   _____

4. Spécialité de Yui   _____

5. Professeur de lycée   _____

II Traduisez les phrases suivantes en japonais.

1. Ma spécialité est le japonais.

2. Je suis étudiant à l'université Nihon.

3. Le professeur Yamashita est professeur de japonais.

4. Takeshi est-il étudiant à l'université Sakura ?

    Oui, c'est bien ça.

第1課　4　Heures et numéros de téléphone
だい いっ か

I Heures — Regardez les images suivantes et écrivez les réponses.

1.　**05:00** PM　　Q：いま　なんじですか。

A：＿＿＿＿＿＿＿＿＿＿＿＿＿＿＿＿＿

2.　**09:00** AM　　Q：いま　なんじですか。

A：＿＿＿＿＿＿＿＿＿＿＿＿＿＿＿＿＿

3.　**12:30** PM　　Q：いま　なんじですか。

A：＿＿＿＿＿＿＿＿＿＿＿＿＿＿＿＿＿

4.　**04:30** AM　　Q：いま　なんじですか。

A：＿＿＿＿＿＿＿＿＿＿＿＿＿＿＿＿＿

II Numéros de téléphone — Demandez à trois personnes leur numéro de téléphone et notez-les en chiffres japonais et en chiffres arabes.

1. ＿＿＿＿＿＿＿＿＿＿＿＿＿＿＿＿＿＿＿＿＿＿＿＿＿＿

　(Chiffres arabes :　　　　　　　　　　　　　)

2. ＿＿＿＿＿＿＿＿＿＿＿＿＿＿＿＿＿＿＿＿＿＿＿＿＿＿

　(Chiffres arabes :　　　　　　　　　　　　　)

3. ＿＿＿＿＿＿＿＿＿＿＿＿＿＿＿＿＿＿＿＿＿＿＿＿＿＿

　(Chiffres arabes :　　　　　　　　　　　　　)

第1課 5 こたえましょう (Questions)

➤ Répondez aux questions suivantes en japonais.

1. おなまえは？

2. おしごと (profession) は？

3. なんねんせいですか。

4. なんさいですか。

5. せんこうは なんですか。

6. でんわばんごうは なんばんですか。

第1課　6　きくれんしゅう (Compréhension orale)
だい いっ か

A Écoutez les phrases et choisissez l'image correspondante parmi les choix ci-dessous.

🔊 W01-A

1. (   )　2. (   )　3. (   )　4. (   )　5. (   )　6. (   )

7. (   )　8. (   )　9. (   )　10. (   )　11. (   )

(a)

(b)

(c)

(d)

(e)

(f)

(g)

(h)

(i)

(j)

(k)

B Écoutez les dialogues entre un passager et un membre de l'équipage dans un avion. Trouvez les heures qui correspondent aux villes suivantes. 🔊 W01-B

(Exemple) とうきょう   8 h du matin

1. パリ (Paris)   _____
   ぱ り

2. ソウル (Séoul)   _____
   そ う る

3. ニューヨーク (New York)   _____
   に ゅ う よ お く

4. ロンドン (Londres)   _____
   ろ ん ど ん

5. タイペイ (Taipei)   _____
   た い ぺ い

6. シドニー (Sydney)   _____
   し ど に い

C Écoutez les dialogues entre M. Tanaka et un opérateur téléphonique. Trouvez les numéros de téléphone des personnes suivantes. 🔊 W01-C

(Exemple) すずき   51-6751

1. かわさき   _____

2. リー (Lee)   _____
   り い

3. ウッズ (Woods)   _____
   う っ ず

4. クマール (Kumar)   _____
   く ま あ る

D Deux étudiants, Akira et Kate, sont en train de discuter. Marquez chacune des propositions suivantes d'un ◯ si elle est vraie ou d'un ✕ si elle est fausse. 🔊 W01-D

1. (   ) Akira est un étudiant de première année.

2. (   ) Akira est étudiant à l'université d'Amérique.

3. (   ) La spécialité d'Akira est l'histoire.

4. (   ) Kate est une étudiante de deuxième année.

5. (   ) La spécialité de Kate est le japonais.

Système d'écriture du japonais — 2 *Katakana* 🔊 W-JWS2

1. Écoutez l'enregistrement audio et étudiez les *katakana*.
2. Une fois familiarisé avec les caractères, découpez les cartes le long des lignes continues, puis exercez-vous à lire les *katakana* en vérifiant leur romanisation au dos des cartes.

	a	*i*	*u*	*e*	*o*
	ア	イ	ウ	エ	オ
k	カ	キ	ク	ケ	コ
s	サ	シ	ス	セ	ソ
t	タ	チ	ツ	テ	ト
n	ナ	ニ	ヌ	ネ	ノ
h	ハ	ヒ	フ	ヘ	ホ
m	マ	ミ	ム	メ	モ
y	ヤ		ユ		ヨ
r	ラ	リ	ル	レ	ロ
w	ワ				ヲ
	ン				

o	e	u	i	a
ko	ke	ku	ki	ka
so	se	su	shi	sa
to	te	tsu	chi	ta
no	ne	nu	ni	na
ho	he	fu	hi	ha
mo	me	mu	mi	ma
yo		yu		ya
ro	re	ru	ri	ra
o (wo)				wa
				n

第2課 だいにか　1　すうじ (Nombres)

I Lisez ou écoutez les nombres suivants et retranscrivez-les en chiffres arabes. 🔊 W02-1

   (a) よんひゃくななじゅう ＿＿＿＿＿

   (b) はっぴゃくごじゅうさん ＿＿＿＿＿

   (c) せんさんびゃく ＿＿＿＿＿

   (d) いちまんななせん ＿＿＿＿＿

   (e) さんぜんろっぴゃくじゅうに ＿＿＿＿＿

   (f) ごせんひゃくきゅうじゅうはち ＿＿＿＿＿

   (g) よんまんろくせんきゅうひゃく ＿＿＿＿＿

   (h) きゅうまんにひゃくじゅう ＿＿＿＿＿

II Écrivez les nombres suivants en *hiragana*.

   1. 541　＿＿＿＿＿＿＿＿＿＿＿＿＿＿＿＿＿＿＿

   2. 2 736　＿＿＿＿＿＿＿＿＿＿＿＿＿＿＿＿＿

   3. 8 900　＿＿＿＿＿＿＿＿＿＿＿＿＿＿＿＿＿

   4. 12 345　＿＿＿＿＿＿＿＿＿＿＿＿＿＿＿＿

III Regardez les images et complétez les dialogues.

160 ¥

24 000 ¥

3 600 ¥

   1. Q：＿＿＿＿＿＿＿＿＿＿＿＿＿＿＿＿＿＿＿＿＿

     A：にまんよんせんえんです。

   2. Q：かばんは いくらですか。

     A：＿＿＿＿＿＿＿＿＿＿＿＿＿＿＿＿＿＿＿＿＿

   3. Q：しんぶんは いくらですか。

     A：＿＿＿＿＿＿＿＿＿＿＿＿＿＿＿＿＿＿＿＿＿

第2課　だいにか　2　これ / それ / あれ

☛Grammaire 1

Ⅰ Regardez les images et traduisez les phrases en japonais.

1.
C'est mon stylo.

2.
C'est le livre de Ken.

3.
Qu'est-ce que c'est ?

4.
Est-ce de la viande ?

1. _____

2. _____

3. _____

4. _____

Ⅱ Mary et Takeshi discutent. Regardez l'image et complétez les phrases avec これ, それ ou あれ.

メアリー：1._____ は たけしさんの かさですか。
めありい

たけし：　いいえ、2._____ は ゆいさんの かさです。

　　　　　3._____ は メアリーさんの さいふですか。
　　　　　　　　　　　めありい

メアリー：はい、わたしの さいふです。
めありい

　　　　　たけしさん、4._____ は たけしさんの じてんしゃですか。

たけし：　はい、そうです。

メアリー：5._____ は なんですか。
めありい

たけし：　ゆうびんきょくです。

第2課 3 この / その / あの　　　　　　　　　　☞ Grammaire 2

だい に か

▶ Complétez la conversation suivante entre un employé et un client dans un magasin de montres.

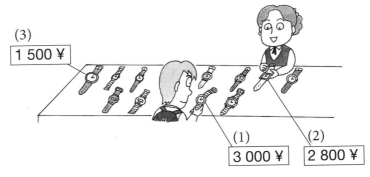

(3)
1 500 ¥

(1)
3 000 ¥

(2)
2 800 ¥

Employé : いらっしゃいませ。

Client (*montrant la montre (1)*) :　1. _____°
　　　　　　　　　　　　　　　　　　(Combien coûte cette montre-ci ?)

Employé : そのとけいは さんぜんえんです。

Client (*montrant la montre (2)*) :　2. _____°
　　　　　　　　　　　　　　　　　　(Combien coûte cette montre-là ?)

Employé :　3. _____°

Client (*montrant la montre (3)*) :　4. _____°
　　　　　　　　　　　　　　　　　　(Combien coûte cette montre-là ?)

Employé :　5. _____°

Client (*choisissant la montre (3)*) :　6. _____°
　　　　　　　　　　　　　　　　　　(Alors, je vais prendre cette montre-là.)

第2課　4　ここ / そこ / あそこ・だれの

☛Grammaire 3・4

Ⅰ Vous êtes B. Répondez aux questions de A avec ここ, そこ ou あそこ.

1. A：たけしさんは　どこですか。

   B：＿＿＿＿＿＿＿＿＿＿＿＿＿＿＿＿＿

2. A：ソラさんは　どこですか。
   　　そ　ら

   B：＿＿＿＿＿＿＿＿＿＿＿＿＿＿＿＿＿

3. A：ロバートさんは　どこですか。
   　　ろ　ば　あ　と

   B：＿＿＿＿＿＿＿＿＿＿＿＿＿＿＿＿＿

4. A：トイレは　どこですか。
   　　と　い　れ

   B：＿＿＿＿＿＿＿＿＿＿＿＿＿＿＿＿＿

Ⅱ Kaoru pose des questions à Yui au sujet des choses que leurs amis ont laissées dans sa chambre.

かおる　　　　　　　　　　　　　　ゆい

1. かおる：＿＿＿＿＿＿＿＿＿＿＿＿＿＿＿＿＿＿＿＿

   ゆい：　それは　たけしさんの　ぼうしです。

2. かおる：＿＿＿＿＿＿＿＿＿＿＿＿＿＿＿＿＿＿＿＿

   ゆい：　それは　わたしの　さいふです。

3. かおる：＿＿＿＿＿＿＿＿＿＿＿＿＿＿＿＿＿＿＿＿

   ゆい：　あれは　メアリーさんの　かさです。
   　　　　　　　　　め　あ　り　い

第2課 <ruby>第2課<rt>だい に か</rt></ruby> **5** **Nom も・Nom じゃないです** ☛ Grammaire 5・6

I Traduisez les phrases suivantes en japonais. Utilisez も après les parties soulignées.

1. Mme Tanaka est japonaise. <u>M. Yoshida</u> est japonais lui aussi.

2. Mme Tanaka a vingt ans. <u>M. Yoshida</u> a vingt ans lui aussi.

3. Ce parapluie coûte 2 000 yens. <u>Ce parapluie-là</u> coûte aussi 2 000 yens.

4. Celui-ci, c'est mon vélo. <u>Celui-là</u>, c'est aussi mon vélo.

5. La spécialité de Takeshi est l'histoire. <u>Ma spécialité</u> est aussi l'histoire.

II Répondez négativement aux questions suivantes.

1. たけしさんは かいしゃいん (employé de bureau) ですか。

2. たけしさんは アメリカ<ruby>アメリカ<rt>あめりか</rt></ruby>じんですか。

3. たけしさんの せんこうは けいざいですか。

4. これは たけしさんの かさですか。

5. これは たけしさんの ほんですか。

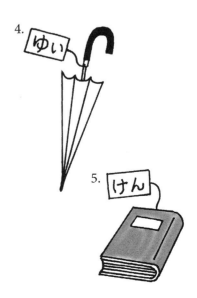

4. ゆい

5. けん

第2課 だいにか 6 こたえましょう (Questions)

▶ Répondez aux questions suivantes en japonais.

1. にほんじんですか。

2. にねんせいですか。

3. じゅうきゅうさいですか。

4. せんこうは けいざいですか。

5. おかあさんは にほんじんですか。

6. にほんごの ほんは いくらですか。

第2課 だいにか 7 きくれんしゅう (Compréhension orale)

A Écoutez le dialogue qui se déroule dans un kiosque et trouvez le prix des articles uivants. S'il n'est pas possible de connaître le prix, indiquez-le par un point d'interrogation (?). 🔊 W02-A

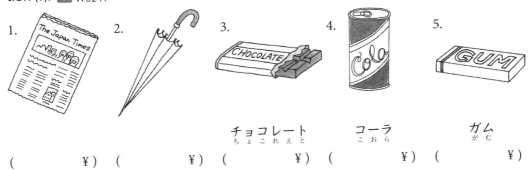

1.　　　　　　2.　　　　　　3.　　　　　　4.　　　　　　5.

　　　　　　　　　　　　チョコレート　　コーラ　　　　ガム
　　　　　　　　　　　　ちょこれえと　　こおら　　　　がむ

(　　　　¥)　(　　　　¥)　(　　　　¥)　(　　　　¥)　(　　　　¥)

B Mary présente Christy, son amie, à Takeshi. Répondez aux questions suivantes en japonais. 🔊 W02-B

＊フランス (France)
　ふらんす

1. クリスティさんは アメリカじんですか。
　くりすてぃ　　　　　あめりか

2. クリスティさんの せんこうは なんですか。
　くりすてぃ

3. クリスティさんの おとうさんは にほんじんですか。
　くりすてぃ

4. クリスティさんの おかあさんは にほんじんですか。
　くりすてぃ

C Mary et Takeshi consultent la carte d'un restaurant japonais. 🔊 W02-C

1. Combien coûtent ces plats ?

　a. すきやき (　　　　¥) b. うどん (　　　　¥) c. てんぷら (　　　　¥)
　　(fondue de bœuf et légumes)　(nouilles de blé)　　(aliments frits)

2. Marquez chacune des propositions suivantes d'un ◯ si elle est vraie ou d'un ✕ si elle est fausse.

　a. (　　　　) Le *sukiyaki* contient du poisson.

　b. (　　　　) Mary pense que le *sukiyaki* est cher.

　c. (　　　　) Takeshi et Mary ont tous deux commandé des nouilles *udon*.

第3課 1 Conjugaison des verbes

☛Grammaire 1

▶ Mémorisez les treize verbes présentés à la Leçon 3. Lisez les explications concernant la conjugaison des verbes et complétez les tableaux suivants.

Verbes en -ru

	forme du dictionnaire	présent, affirmatif	présent, négatif
1. se lever			
2. voir			
3. manger			
4. dormir			

Verbes en -u

	forme du dictionnaire	présent, affirmatif	présent, négatif
5. parler			
6. écouter			
7. aller			
8. lire			
9. boire			
10. rentrer			

Verbes irréguliers

	forme du dictionnaire	présent, affirmatif	présent, négatif
11. venir			
12. faire			
13. étudier			

第3課 2 Nom を verbe 　　　　　　　　　　　　　　☛Grammaire 3

▶ Écrivez une phrase en ます et une phrase en ません en utilisant deux noms de chaque groupe et un verbe de votre choix.

Exemple

Noms： さかな　にく　やさい

affirmatif 　→　わたしは やさいを たべます。
négatif 　→　わたしは にくを たべません。

1. Noms： おさけ　おちゃ　コーヒー

affirmatif 　→

négatif 　→

2. Noms： にほんの えいが　アメリカの えいが　インド (Inde) の えいが

affirmatif 　→

négatif 　→

3. Noms： テニス　サッカー (football)　バスケットボール (basket-ball)

affirmatif 　→

négatif 　→

4. Noms： ほん　おんがくの ざっし　スポーツの ざっし

affirmatif 　→

négatif 　→

5. Noms： にほんの おんがく　ロック (rock)　クラシック (musique classique)

affirmatif 　→

négatif 　→

第3課　3　Verbes avec des lieux　　　　☛Grammaire 3

Ⅰ Où se déroulent les activités suivantes ? Ajoutez les lieux et les particules qui conviennent aux phrases suivantes.

(Exemple) <u>としょかんで</u> ほんを よみます。

1. ＿＿＿＿＿＿＿＿＿＿＿＿＿＿＿べんきょうします。

2. ＿＿＿＿＿＿＿＿＿＿＿＿＿＿＿テレビを みます。

3. ＿＿＿＿＿＿＿＿＿＿＿＿＿＿＿コーヒーを のみます。

4. ＿＿＿＿＿＿＿＿＿＿＿＿＿＿＿いきます。

5. ＿＿＿＿＿＿＿＿＿＿＿＿＿＿＿かえります。

Ⅱ Traduisez les phrases suivantes en japonais.

1. M. Tanaka ira à la bibliothèque.

2. Mon ami viendra au Japon.

3. M. Suzuki écoute de la musique à la maison.

4. Je parle japonais à la maison.

5. Je ne déjeune pas à l'école.

第3課 4 Références temporelles

☞Grammaire 4

I Expressions temporelles — Lisez la section Grammaire 4 (p. 90) au sujet des références temporelles, puis séparez les mots ci-dessous en deux groupes. S'il s'agit d'un mot qui s'utilise tout le temps avec に, écrivez に après ce mot.

1. こんばん____   4. いつ____   7. どようび____   10. まいにち____

2. しゅうまつ____   5. きょう____   8. あした____   11. まいばん____

3. あさ____   6. いま____   9. じゅういちじ____

II Votre journée — Décrivez ce que vous faites lors d'une journée classique. Incluez des descriptions des activités énumérées ci-dessous. Dans la mesure du possible, incluez des expressions de lieu et de temps. Reportez-vous à la section Grammaire 7 (p. 91) au sujet de l'ordre syntaxique de base des phrases.

おきる　　いく　　たべる　　べんきょうする　　かえる　　ねる

1. わたしは まいにち _____じに _____ます。

2.

3.

4.

5.

III Traduisez les phrases suivantes en japonais.

1. Je parle japonais tous les jours.

2. Je ne regarderai pas la télé ce soir.

3. Takeshi ne vient pas à l'école le samedi.

第3課　5　Faire une proposition avec 〜ませんか

☛Grammaire 5

Ⅰ Révisez l'exercice V-C (p. 99) et traduisez la conversation suivante.

メアリー：1.＿＿＿＿＿＿＿＿＿＿＿＿＿＿＿＿＿＿＿＿＿＿＿＿＿＿
(Voudriez-vous regarder un film ce soir ?)

たけし ： 2.＿＿＿＿＿＿＿＿＿＿＿＿＿＿＿＿＿＿＿＿＿＿＿＿＿＿
(Ce soir ne me convient pas trop...)

3.＿＿＿＿＿＿＿＿＿＿＿＿＿＿＿＿＿＿＿＿＿＿＿＿＿＿
(Que diriez-vous de demain ?)

メアリー：4.＿＿＿＿＿＿＿＿＿＿＿＿＿＿＿＿＿＿＿＿＿＿＿＿＿＿
(Ça me va.)

Ⅱ Imaginez que vous invitez quelqu'un à sortir. Écrivez le dialogue entre vous et votre ami.

Vous :　1.＿＿＿＿＿＿＿＿＿＿＿＿＿＿＿＿＿＿＿＿＿＿＿＿＿＿

Ami :　2.＿＿＿＿＿＿＿＿＿＿＿＿＿＿＿＿＿＿＿＿＿＿＿＿＿＿

Vous :　3.＿＿＿＿＿＿＿＿＿＿＿＿＿＿＿＿＿＿＿＿＿＿＿＿＿＿

Ami :　4.＿＿＿＿＿＿＿＿＿＿＿＿＿＿＿＿＿＿＿＿＿＿＿＿＿＿

第3課　6　Adverbes de fréquence　　　☛Grammaire 6

➤ Traduisez les phrases suivantes en japonais.

1. Je vais souvent à la bibliothèque.

   わたしは ＿＿＿＿＿＿ としょかん ＿＿＿＿ ＿＿＿＿＿＿＿＿＿＿＿。

2. Yumi vient souvent chez moi.

3. Je me lève habituellement à six heures.

4. Le professeur Yamashita se couche habituellement à vingt-trois heures.

5. Je lis parfois des journaux japonais.

6. Takeshi boit parfois du café dans ce café.

7. Yui ne mange pas beaucoup.

第3課　7　答えましょう (Questions)
こた

▶ Répondez aux questions suivantes en japonais.

1. よく スポーツを しますか。

2. よく えいがを みますか。

3. よく なにを のみますか。

4. おんがくは よく なにを ききますか。

5. どこで べんきょうしますか。

6. しゅうまつは よく どこに いきますか。

7. しゅうまつは よく なにを しますか。

8. なんじごろ おきますか。

9. なんじごろ ねますか。

第3課　8　聞く練習 (Compréhension orale)
<ruby>き<rt>き</rt></ruby><ruby>れんしゅう<rt>れんしゅう</rt></ruby>

A Écoutez le dialogue entre Sora et Mary. Où iront-elles ? Que vont-elles faire ? Choisissez dans les listes ci-dessous. 🔊 W03-A

＊レストラン (restaurant)

		Samedi		Dimanche	
		Où	Quoi	Où	Quoi
	Mary				
	Sora				

Où :

a. école	b. bibliothèque	c. maison
d. Osaka	e. Tokyo	f. Kyoto

Quoi :

g. lire un livre	h. faire du sport	i. étudier
j. regarder un film	k. dîner	

B Écoutez le dialogue qui se déroule lors d'une réunion en soirée dans un camp de vacances. Le chef de groupe et les étudiants discutent du programme du lendemain. Complétez l'emploi du temps ci-dessous. 🔊 W03-B

＊スケジュール (emploi du temps)　ヨガ (yoga)

1. 6 h (matin) ( )	6. 3 h (après-midi) ( )
2. 7 h 30 ( )	7. 6 h ( )
3. 9 h ( )	8. 7 h 30 ( )
4. 12 h 30 ( )	9. 11 h 30 ( )
5. 1 h 30 (après-midi) ( )	

a. prendre le petit-déjeuner	b. dîner	c. se lever
d. se coucher	e. déjeuner	f. faire du yoga
g. jouer au tennis	h. étudier	i. regarder un film

C Écoutez le dialogue entre Sora et son ami. À quelle fréquence fait-elle les choses suivantes ? 🔊 W03-C

(A = tous les jours / B = souvent / C = parfois / D = rarement / E = jamais)

1. (　　　) étudier le japonais

2. (　　　) aller à la bibliothèque

3. (　　　) regarder des films américains

4. (　　　) regarder des films japonais

5. (　　　) jouer au tennis

6. (　　　) boire du café

D Écoutez le dialogue entre Mary et son ami japonais et répondez aux questions ci-dessous. 🔊 W03-D

1. Qu'est-ce que l'homme a proposé en premier ?　(　　　)

   a. Prendre un café dans un café　　　　b. Prendre une bière dans un bar

   c. Prendre un café chez lui　　　　　　d. Déjeuner

2. Quelle heure est-il ?　(　　　)

   a. 8 heures　　　b. 9 heures　　　c. 10 heures　　　d. 11 heures

3. Quelle est l'excuse de Mary pour décliner cette proposition ? (Marquez d'un ◯ toutes les réponses qui s'appliquent.)

   a. (　　　) Elle doit rentrer chez elle.　　b. (　　　) Il est trop tard.

   c. (　　　) Elle doit étudier.　　　　　　d. (　　　) Elle doit se coucher tôt.

4. Quelles autres propositions l'homme a-t-il faites ? (Marquez d'un ◯ toutes les réponses qui s'appliquent.)

   a. (　　　) Lire ensemble des livres japonais

   b. (　　　) Pratiquer le japonais dans un café

   c. (　　　) Déjeuner ensemble le lendemain

   d. (　　　) La raccompagner chez elle

第4課 1 Xがあります/います   ☛Grammaire 1

I Traduisez les phrases suivantes en japonais.

1. Il y a un arrêt de bus là-bas.

2. Il n'y aura pas de cours jeudi.

3. Je n'ai pas de vélo. (litt., « Il n'y a pas de vélo. »)

4. Le professeur Yamashita se trouve là-bas.

5. J'ai un enfant. (litt., « Il y a un enfant. »)

II Répondez aux questions suivantes en japonais.

1. あした、アルバイトがありますか。

2. いつ日本語のクラスがありますか。
   にほんご

3. 日本に友だちがいますか。
   にほん　とも

4. 兄弟 (frères et sœurs) がいますか。
   きょうだい

おねえさん : grande sœur
いもうと : petite sœur
おにいさん : grand frère
おとうと : petit frère

第4課 2 Décrire où se trouvent les choses
●Grammaire 2

Ⅰ Dessinez les éléments mentionnés dans l'extrait ci-dessous, chacun positionné correctement par rapport aux autres.

スマホはつくえの上です。時計もつくえの上です。
帽子はスマホと時計の間です。かばんはつくえの下です。
つくえはテレビの近くです。

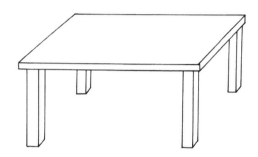

Ⅱ Regardez les images et répondez aux questions suivantes.

1. 雑誌はどこですか。

magazine

2. メアリーさんの傘はどこですか。

parapluie de Mary

3. 日本語の本はどこですか。

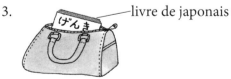
livre de japonais

4. 図書館はどこですか。

4. 5.

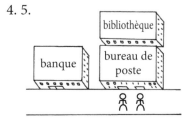
bibliothèque
banque
bureau de poste

5. 銀行はどこですか。

第4課　3　Passé (noms)　　　　　　　　　☛Grammaire 3

Ⅰ Répondez aux questions suivantes.

1. きのうは月曜日でしたか。
   <small>げつようび</small>

2. きのうは十五日でしたか。
   <small>じゅうごにち</small>

3. 今日の朝ご飯はハンバーガーでしたか。
   <small>きょう　あさ　はん</small>

4. 子供の時、いい子供でしたか。
   <small>こども　とき　　こども</small>

Ⅱ Traduisez les phrases suivantes en japonais.

1. Mon vélo a coûté 30 000 yens.

2. Hier, c'était dimanche.

3. La spécialité du professeur n'était pas l'anglais.

4. Le professeur Yamashita n'était pas étudiant à l'université Nihon.

第4課 4 Conjugaison des verbes (au passé)   ☛Grammaire 4

▶ Remplissez les tableaux de conjugaison ci-dessous. Si vous n'êtes pas sûr de la différence entre les verbes en -u et les verbes en -ru, relisez la section Grammaire 1 de la Leçon 3 (p. 86-88). Si vous avez des doutes sur la conjugaison au passé, reportez-vous au tableau de la page 110.

Verbes en -u

	forme du dictionnaire	passé, affirmatif	passé, négatif
1. boire			
2. parler			
3. écouter			
4. acheter			
5. prendre			
6. écrire			
7. attendre			
8. il y a (quelque chose)			

Verbes en -ru et verbes irréguliers

	forme du dictionnaire	passé, affirmatif	passé, négatif
9. manger			
10. se lever			
11. faire			
12. venir			

第4課 5 Passé (verbes)

☛Grammaire 4

Ⅰ Les images ci-dessous montrent ce que Takeshi a fait le week-end dernier. Répondez aux questions suivantes en japonais.

| **vendredi** | **samedi** | **dimanche** |
| maison | supermarché | ville |

1. たけしさんは金曜日に音楽を聞きましたか。
  <small>きんようび　おんがく　き</small>

2. たけしさんは土曜日にどこでアルバイトをしましたか。
  <small>どようび</small>

3. たけしさんはいつレポートを書きましたか。
  <small>か</small>

4. たけしさんは日曜日に何をしましたか。(Complétez la phrase.)
  <small>にちようび　なに</small>

  ＿＿＿＿＿＿＿で＿＿＿＿＿＿と＿＿＿＿＿＿を

  ＿＿＿＿＿＿＿＿＿＿＿。

5. あなたは、週末、何をしましたか。
  <small>しゅうまつ　なに</small>

Ⅱ Traduisez les phrases suivantes en japonais.

1. Yumi n'a pas du tout pris de photos.

2. Je mangeais souvent des hamburgers quand j'étais petit.

3. Takeshi n'étudiait pas beaucoup quand il était au lycée.

第4課　6　も　　　　　　　　　　　　　　　　　☞Grammaire 5

▶ Traduisez les phrases en japonais. Notez que la particule も remplace は, が, et を, mais va de pair avec les autres particules.

1. Mary est allée au parc. Takeshi est allé au parc, lui aussi.

2. Il y a une librairie là-bas. Il y a aussi un restaurant.

3. Je bois du thé. Je bois aussi du café.

4. Ken va aller en Corée du Sud. Il va aussi aller en Chine.

5. Yui a mangé de la glace vendredi. Elle a mangé de la glace samedi aussi.

6. Yumi a étudié à la bibliothèque hier. Elle a aussi étudié chez elle.

7. J'ai pris des photos à l'école hier. J'ai aussi pris des photos chez moi.

第4課　7　〜時間・Particules　　　　　　　　　☛Grammaire 6

I Traduisez les phrases suivantes en japonais.

1. Mary <u>a regardé la télévision</u> <u>pendant deux heures</u> <u>hier</u>.
　　　　　　　(3)　　　　　　　　　　(2)　　　　　　(1)

　　メアリーさんは ＿＿＿＿＿＿＿ ＿＿＿＿＿＿＿ ＿＿＿＿＿＿＿＿＿＿＿＿。
　　　　　　　　　　　　(1)　　　　　　　　(2)　　　　　　　　(3)

2. Takeshi <u>a attendu Mary</u> <u>pendant une heure</u> <u>devant l'épicerie</u>.
　　　　　　　　(3)　　　　　　(2)　　　　　　(1)

　　たけしさんは ＿＿＿＿＿＿＿＿＿＿＿＿＿＿ ＿＿＿＿＿＿＿＿
　　　　　　　　　　　　　　(1)　　　　　　　　　　　　(2)

　　＿＿＿＿＿＿＿＿＿＿＿＿＿＿＿。
　　　　　　　　(3)

3. Sora <u>étudie le japonais</u> <u>à la bibliothèque</u> <u>environ une heure</u> <u>tous les jours</u>.
　　　　　　(4)　　　　　　　(3)　　　　　　(2)　　　　　　(1)

　　ソラさんは ＿＿＿＿＿＿＿＿＿＿ ＿＿＿＿＿＿＿＿＿＿＿＿
　　　　　　　　　　　(1)　　　　　　　　　　(2)

　　＿＿＿＿＿＿＿＿＿＿＿ ＿＿＿＿＿＿＿＿＿＿＿＿＿＿＿。
　　　　　　(3)　　　　　　　　　　　(4)

II Ajoutez les particules qui manquent. Vous pouvez vous référer à la section Vocabulaire (p. 105), dans laquelle la particule qui va avec chacun des nouveaux verbes est indiquée entre parenthèses.

1. 私はあした友だち＿＿＿＿会います。

2. メアリーさんは京都のお寺で写真＿＿＿＿撮りました。

3. 私は図書館の前でロバートさん＿＿＿＿待ちました。

4. スーパーで肉＿＿＿＿買いました。

5. 私は中国語＿＿＿＿わかりません。

6. 私の町＿＿＿＿日本のレストラン＿＿＿＿あります。

第4課　8　答えましょう (Questions)

➤ Répondez aux questions suivantes en japonais.

1. あなたの家はどこですか。

2. あなたの町に本屋がありますか。

3. 猫／犬がいますか。名前は何ですか。

4. 今日は何曜日ですか。

5. きのう、だれと晩ご飯を食べましたか。

6. きのう、何時間勉強しましたか。

7. 何曜日に日本語のクラスがありますか。

8. 先週の週末、何をしましたか。

第4課 9 聞く練習 (Compréhension orale)
き れんしゅう

A Mary montre une photo qu'elle a prise lors d'une fête. Identifiez les personnes suivantes.

W04-A

1. (   ) Ken
2. (   ) Rika
3. (   ) Mike
4. (   ) Takeshi
5. (   ) la mère
6. (   ) le père

B Mary discute avec le père de sa famille d'accueil dans la soirée. Écoutez le dialogue et répondez aux questions en japonais. W04-B

1. お父さんは今日何をしましたか。 ＿＿＿＿＿＿＿＿＿＿＿＿＿
   とう きょう なに

2. お母さんは何をしましたか。 ＿＿＿＿＿＿＿＿＿＿＿＿＿＿＿
   かあ なに

3. メアリーさんとお父さんはあした何をしますか。 ＿＿＿＿＿＿＿＿＿
   とう なに

C Écoutez le dialogue qui se déroule dans la salle de classe et répondez aux questions suivantes. W04-C

*カラオケ (karaoké)　テスト (contrôle)

1. Quelle est la date du jour ?

   a. 10 septembre　　b. 13 septembre　　c. 14 septembre　　d. 18 septembre

2. Quel jour sommes-nous ?

   a. dimanche　　b. lundi　　c. mardi　　d. mercredi

   e. jeudi　　f. vendredi　　g. samedi

3. Qui a fait ces activités ? Marquez d'un ◯ les activités qu'ils ont faites.

	étudier	prendre des photos	aller à Tokyo	lire un livre	aller au karaoké	faire du shopping
Sora						
Mary						
Robert						

第5課　1　Conjugaison des adjectifs (au présent)　　☛Grammaire 1

➤ Remplissez les tableaux de conjugaison ci-dessous.

Adjectifs en -い

	forme du dictionnaire	passé, affirmatif	passé, négatif
1. grand			
2. cher			
3. effrayant			
4. intéressant			
5. vieux			
6. bon			

Adjectifs en -な

	forme du dictionnaire	passé, affirmatif	passé, négatif
7. calme			
8. beau			
9. sain			
10. appréciable			
11. détestable			
12. animé			

第5課　2　Adjectifs (au présent)　　　☛Grammaire 1

I Répondez aux questions.

1. 日本語の宿題はやさしいですか。
　　にほんご　しゅくだい

2. 今日は忙しいですか。
　　きょう　いそが

3. あなたの部屋はきれいですか。
　　　　　へや

4. 日本語のクラスはおもしろいですか。
　　にほんご

5. あなたの町は静かですか。
　　　　　まち　しず

II Traduisez les phrases suivantes en japonais.

1. Cette montre est chère.

2. Ce café n'est pas bon.

3. Le professeur Yamashita est énergique.

4. Il ne fait pas beau.

5. Je ne serai pas libre demain.

第5課　3　Conjugaison des adjectifs (au présent et au passé)　☞Grammaire 1・2

Remplissez les tableaux de conjugaison ci-dessous.

Adjectifs en -い

	présent, affirmatif	présent, négatif	passé, affirmatif	passé, négatif
1. あたらしい				
2. いそがしい				
3. さむい				
4. むずかしい				
5. ちいさい				
6. いい				

Adjectifs en -な

	présent, affirmatif	présent, négatif	passé, affirmatif	passé, négatif
7. ひま (な)				
8. にぎやか (な)				
9. すき (な)				
10. きれい (な)				

第5課　4　Adjectifs (au passé)　　　　☛ Grammaire 2

Ⅰ Répondez aux questions.

1. 先週はひまでしたか。
   せんしゅう

2. テストは難しかったですか。
   むずか

3. きのうは暑かったですか。
   あつ

4. 週末は楽しかったですか。
   しゅうまつ　たの

5. きのうの晩ご飯はおいしかったですか。
   ばん　はん

Ⅱ Traduisez les phrases suivantes en japonais.

1. J'étais occupé hier.

2. Les devoirs étaient difficiles.

3. La chambre de Takeshi n'était pas propre.

4. Il faisait beau.

5. Le voyage n'était pas amusant.

6. L'hôtel n'était pas cher.

第5課　5　Adjectif + nom

☛Grammaire 3

I Regardez les images et répondez aux questions.

Ex.　　　　　1.　　　　　2.　　　　　3.　　　　　4.

petit　　　　　vieux　　　　　calme　　　　　effrayant　　　　　beau

Exemple　Q：どんな部屋ですか。　　A：小さい部屋です。
　　　　　　　　　へ　や　　　　　　　　ちい　　　　　へ　や

1. Q：どんな自転車ですか。　　A：＿＿＿＿＿＿＿＿＿＿＿＿＿＿＿
　　　　　じ てんしゃ

2. Q：どんな町ですか。　　　　A：＿＿＿＿＿＿＿＿＿＿＿＿＿＿＿
　　　　　まち

3. Q：どんな人ですか。　　　　A：＿＿＿＿＿＿＿＿＿＿＿＿＿＿＿
　　　　　ひと

4. Q：どんな家ですか。　　　　A：＿＿＿＿＿＿＿＿＿＿＿＿＿＿＿
　　　　　いえ

II Traduisez les phrases suivantes.

1. J'ai rencontré une personne aimable.

2. J'ai acheté des fruits délicieux.

3. J'ai lu un livre intéressant la semaine dernière.

第5課 6 好き (な) / きらい (な) ☛Grammaire 4

▶ Écrivez des phrases pour exprimer si vous aimez ou n'aimez pas les éléments ci-dessous. Utilisez 好き (な) pour ce que vous « aimez » et きらい (な) pour ce que vous « n'aimez pas ». Utilisez 大〜 pour accentuer votre sentiment.

(Exemple) les devoirs → 私は宿題が大好きです。

1. les cours de japonais

   →

2. cette ville

   →

3. les lundis

   →

4. l'océan

   →

5. les chats

   →

6. les matins froids

   →

7. le poisson

   →

8. les films d'horreur

   →

9. (votre propre idée)

   →

第5課 7 〜ましょう / 〜ましょうか

☛Grammaire 5

I Vous et votre ami allez passer une journée ensemble. Complétez les parties soulignées avec 〜ましょう.

友だち：どこに行きますか。

私： 1.＿＿＿＿＿＿＿＿＿＿＿＿＿＿＿＿＿＿＿＿＿＿＿＿＿＿＿＿＿

友だち：いいですね。そこで何をしますか。

私： 2.＿＿＿＿＿＿＿＿＿＿＿＿＿＿＿＿＿＿。それから、

3.＿＿＿＿＿＿＿＿＿＿＿＿＿＿＿＿＿＿＿＿＿＿＿＿＿＿＿

友だち：何時に会いますか。

私： 4.＿＿＿＿＿＿＿＿＿＿＿＿＿＿＿＿＿＿＿＿＿＿＿＿＿＿＿＿

II Traduisez les phrases suivantes en japonais.

1. Attendons le bus.

2. Sortons ensemble.

3. Prenons des photos ici.

4. On regarde ce film ce soir ?

5. Ces devoirs sont difficiles. Devrions-nous demander de l'aide à notre professeur ?

第5課　8　答えましょう (Questions)

I Répondez en japonais aux questions suivantes au sujet du meilleur voyage que vous avez fait.

1. どこに行きましたか。

2. だれと行きましたか。

3. 天気はどうでしたか。

4. 食べ物はどうでしたか。

5. そこで何をしましたか。

6. おみやげを買いましたか。

II Répondez aux questions suivantes en japonais.

1. どんな食べ物が好きですか。

2. どんな飲み物が好きですか。

3. どんな音楽が好きですか。

第5課　9　聞く練習 (Compréhension orale)

A Écoutez le dialogue entre un agent immobilier et son client, et choisissez les réponses qui conviennent. 🔊 W05-A

＊一か月 (un mois)

1. La maison est [a. nouvelle / b. ancienne].

2. La maison [a. est propre / b. n'est pas propre].

3. La maison [a. est calme / b. n'est pas calme].

4. Les chambres [a. sont grandes / b. ne sont pas grandes].

5. Il y a [a. beaucoup / b. peu] de chambres.

6. Le loyer est de [a. 90 400 / b. 94 000] yens par mois.

B Écoutez le jeu télévisé « Avec qui ai-je rendez-vous ? ». Trois hommes veulent inviter Mme Suzuki à un rendez-vous. 🔊 W05-B

＊おめでとうございます (Félicitations.)

1. Complétez le tableau en japonais.

	Type préféré	Ce qu'il fait pendant les vacances
吉田 よしだ		
川口 かわぐち		
中山 なかやま		

2. Qui Mme Suzuki a-t-elle choisi ?　[a. 吉田　　b. 川口　　c. 中山]
よしだ　　かわぐち　　なかやま

C Écoutez l'interview de Mary et de Takeshi et remplissez le tableau avec les lettres suivantes : A = aime / B = n'aime pas trop / C = déteste. 🔊 W05-C

	J-Pop （Jポップ）	Rock （ロック）	Musique classique （クラシック）	Animation （アニメ）	Films d'horreur （ホラー）
Mary					
Takeshi					

第6課　1　Forme en -*te* — 1

☛Grammaire 1

➤ Révisez les sections Vocabulaire (p. 148-149) et Grammaire 1 (p. 150-151), puis complétez les tableaux suivants.

Verbes en -*ru*

	forme du dictionnaire	forme en -*te*	forme longue（〜ます）
1. ouvrir			
2. fermer			
3. enseigner			
4. oublier			
5. descendre			
6. emprunter			
7. prendre une douche			
8. activer			

Verbes en -*u*

	forme du dictionnaire	forme en -*te*	forme longue（〜ます）
9. fumer			
10. utiliser			
11. aider			

| 12. se dépêcher | | | |

	forme du dictionnaire	forme en -te	forme longue (〜ます)
13. rendre (quelque chose)			
14. éteindre			

15. se mettre debout			
16. porter			

17. mourir			

18. jouer			

19. être absent			

20. s'asseoir			
21. entrer			

Verbes irréguliers

	forme du dictionnaire	forme en -te	forme longue (〜ます)
22. amener (quelqu'un)			
23. apporter (quelque chose)			
24. appeler			

第6課 2 Forme en -te — 2

👉Grammaire 1

▶ Révisez la section Grammaire 1 (p. 150-151) et conjuguez les verbes ci-dessous dans leurs formes en -te respectives. Le numéro à côté de chaque verbe indique la leçon dans laquelle le verbe est apparu pour la première fois.

Verbes en -ru

1. おきる (3)　→

2. たべる (3)　→

3. ねる (3)　　→

4. みる (3)　　→

5. いる (4)　　→

6. でかける (5) →

Verbe en -u se terminant par う

7. あう (4)　　→

8. かう (4)　　→

Verbe en -u se terminant par く

9. きく (3)　　→

10. かく (4)　　→

Verbe en -u se terminant par く (irrégulier)

11. いく (3)　　→

Verbe en -u se terminant par ぐ

12. およぐ (5)　→

Verbe en -u se terminant par す

13. はなす (3)　→

Verbe en -u se terminant par つ

14. まつ (4)　　→

Verbe en -u se terminant par む

15. のむ (3)　　→

16. よむ (3)　　→

Verbe en -u se terminant par る

17. かえる (3)　→

18. ある (4)　　→

19. とる (4)　　→

20. わかる (4)　→

21. のる (5)　　→

22. やる (5)　　→

Verbes irréguliers

23. くる (3)　　→

24. する (3)　　→

25. べんきょうする (3) →

第6課 3 ～てください

🖝 Grammaire 2

I Écrivez ce que chaque personne dit en utilisant ～てください.

1.

prendre une photo

2.

enseigner ce kanji

3.

porter ce sac

4.

utiliser cette serviette（タオル）

5.

s'asseoir

6.

apporter un livre

1. _____

2. _____

3. _____

4. _____

5. _____

6. _____

II Écrivez trois demandes en utilisant ～てください. Indiquez entre parenthèses à qui vous allez demander de faire ces choses.

1. (   ) _____

2. (   ) _____

3. (   ) _____

第6課　4　Décrire deux actions successives　　　☛ Grammaire 3

I Les images ci-dessous décrivent ce que Takeshi a fait hier. Rédigez des phrases en utilisant la forme en -*te*.

1.
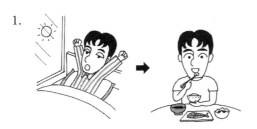

2

3.

4.
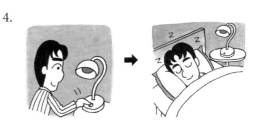

1. _____

2. _____

3. _____

4. _____

II Traduisez les phrases suivantes.

1. Je vais rentrer chez moi et me reposer.

2. Mary et Takeshi se sont rencontrés et ont discuté pendant environ une heure.

3. Allons à la mer et nageons.

第6課　5　〜てもいいです　　　　　　　　　　☞Grammaire 4

➤ Demandez aux personnes suivantes si vous avez l'autorisation de faire les choses suivantes, en utilisant 〜てもいいですか.

À votre ami, dans son appartement :

1. entrer dans la pièce

2. regarder les photos

3. allumer la télévision

4. (votre idée)

À votre professeur, en classe :

5. aller aux toilettes

6. parler en français

7. emprunter un manuel scolaire

8. (votre idée)

第6課　6　〜てはいけません

☞Grammaire 5

Ⅰ Regardez les panneaux et rédigez des phrases en utilisant 〜てはいけません.

1.	2.	3.	4.
Non fumeur	Entrée interdite	Photos interdites	Nourriture interdite

1. _____

2. _____

3. _____

4. _____

Ⅱ Décrivez trois choses qu'il vous est interdit de faire dans certains endroits.

(Exemple) 寮 (dortoir) でお酒を飲んではいけません。
　　　　りょう　　　　　　　さけ　の

1. _____

2. _____

3. _____

第6課　7　〜から・〜ましょうか

☛Grammaire 6・7

I Traduisez les phrases suivantes en utilisant 〜から.

1. Je ne suis pas libre aujourd'hui. (C'est) parce que j'ai un contrôle demain.

2. Le contrôle n'était pas difficile. (C'est) parce que j'avais beaucoup étudié.

3. Sortons ce soir. (C'est) parce que demain est un jour férié.

4. J'ai aidé ma mère. (C'est) parce qu'elle était occupée.

5. Je ne boirai pas de café. (C'est) parce que j'en ai bu le matin.

II Complétez le dialogue des situations suivantes en utilisant 〜ましょうか.

1.

A :＿＿＿＿＿＿＿＿＿＿＿＿＿＿＿＿＿＿＿。

B：ありがとう。お願いします。

2.

A :＿＿＿＿＿＿＿＿＿＿＿＿＿＿＿＿＿＿＿。

B：すみません。お願いします。

3.

A :＿＿＿＿＿＿＿＿＿＿＿＿＿＿＿＿＿＿＿。

B：いいえ、大丈夫です。

第6課　8　答えましょう (Questions)

▶ Répondez aux questions suivantes en japonais.

1. 朝起きて、何をしますか。

2. きのう、家に帰って何をしましたか。

3. テストの時、教科書を見てもいいですか。

4. 電車の中で何をしてはいけませんか。

5. 子供の時、よく勉強しましたか。

6. 子供の時、よくゲームをしましたか。

7. 高校の時、よく何をしましたか。

クラス [　　　　]　　なまえ [　　　　　　　　　　　]

第6課 9 聞く練習 (Compréhension orale)
き　れんしゅう

A Écoutez le dialogue qui se déroule dans une auberge de jeunesse. Marquez chacune des propositions suivantes d'un ◯ si elle est vraie ou d'un ✕ si elle est fausse. 🔊 W06-A

＊外 (dehors)　コインランドリー (laverie automatique)
　そと

1. (　　　) Le petit-déjeuner commence à 6 h 30.

2. (　　　) Il est interdit de fumer dans les chambres.

3. (　　　) Vous pouvez prendre une douche le matin.

4. (　　　) Il n'y a pas de laverie automatique dans ce bâtiment.

B Robert séjourne dans une «chambre d'hôtel intelligente» à Tokyo. Écoutez les requêtes qu'il fait après avoir dit «OK, My Room». Marquez d'un ◯ ce qu'il dit. 🔊 W06-B

＊カーテン (rideau)　ライブのチケット (place de concert)　了解しました (D'accord.)
　　　　　　　　　　　　　　　　　　　　　　　　　　　　りょうかい

Robert a demandé :

1. (　　　) de fermer le rideau de la fenêtre

2. (　　　) d'allumer la lumière dans la chambre

3. (　　　) d'allumer la télévision

4. (　　　) d'acheter une place de concert

5. (　　　) de lui donner l'heure du Japon

6. (　　　) d'appeler sa mère

C Takeshi essaie d'organiser un pique-nique. Écoutez le dialogue et répondez aux questions en japonais. 🔊 W06-C

＊ピクニック (pique-nique)

1. Quand est-ce que cela ne convient PAS à chacun d'entre eux ? Pourquoi ?

	a. Jour qui ne convient pas	b. Raisons
ゆい		
ソラ		
ロバート		

2. いつピクニックに行きますか。　＿＿＿＿＿＿＿＿＿＿＿＿＿＿＿＿＿
　　　　　　　　い

第7課 1 Forme en -*te*

➤ Déterminez s'il s'agit de verbes en -*u*, de verbes en -*ru* ou de verbes irréguliers et remplissez le tableau ci-dessous.

	u/ru/ irrégulier	forme longue	forme en -*te*
Ex. ある	*u*	あります	あって
1. わかる			
2. やる			
3. けす			
4. たつ			
5. おきる			
6. かえる			
7. くる			
8. する			
9. あそぶ			
10. きる			
11. かぶる			
12. わすれる			
13. はく			
14. うたう			
15. すむ			
16. けっこんする			

クラス [　　　　　]　なまえ [　　　　　　　　]

第7課　2　～ている (Action en cours)

☞Grammaire 1

I Décrivez les images suivantes en utilisant ～ています.

1. 　2. 　3. 　4. 　5.

1. _____

2. _____

3. _____

4. _____

5. _____

II Répondez aux questions suivantes en japonais.

1. 今、何をしていますか。
　いま　なに

2. きのうの午後八時ごろ何をしていましたか。
　　　ご　ご　はち　じ　　　　なに

III Traduisez les phrases suivantes.

1. Mary est en train d'attendre un bus à l'arrêt de bus.

2. À quatorze heures hier, Takeshi était en train de jouer au tennis avec un ami.

3. J'ai appelé à la maison. Ma grande sœur était en train de dormir.

第7課　3　〜ている (Résultat d'un changement)　　　☛Grammaire 2

I Voici la famille de Yui. Répondez aux questions suivantes en japonais.

Père
51 ans, vit à Nagano,
travaille dans une
banque

Mère
47 ans, vit à Nagano,
travaille dans un hôpital

Grande sœur
23 ans, vit à Tokyo,
étudiante à l'université,
mariée

Petit frère
16 ans, vit à Nagano,
étudiant

1. お父さんは何をしていますか。

2. お母さんは何をしていますか。

3. お姉さんは働いていますか。

4. お姉さんは結婚していますか。

5. お姉さんは長野に住んでいますか。

6. 弟さんはどこに住んでいますか。

7. お父さんは何歳ですか。

II Écrivez au sujet de votre famille ou de vos amis. Essayez d'utiliser les expressions que vous avez apprises dans cette leçon.

第7課　4　Décrire les personnes

☛Grammaire 3

I Traduisez les phrases suivantes.

やすお　のりお

1. Yasuo n'est pas grand.

2. Yasuo est très intelligent.

3. Norio porte un nouveau T-shirt aujourd'hui.

4. Norio est mince, mais Yasuo est en surpoids.

II Vous vous trouvez dans un grand centre commercial avec votre petite sœur, mais elle a disparu. Signalez-le au service clientèle et décrivez votre sœur.

1. Casquette :

2. Cheveux :

3. Lunettes :

4. Yeux :

5. Vêtements (au-dessus de la taille) :

6. Vêtements (en dessous de la taille) :

第7課　5　Forme en *-te* des adjectifs/noms　　　☛Grammaire 4

I Regardez les images suivantes et complétez les phrases.

1.

bon marché / délicieux

2.

calme / ennuyeux

3.

très petit / mignon

4.

très propre / neuf

5.

vieux / intéressant

6.

cheveux longs / grands yeux

1. あのレストランの食べ物は＿＿＿＿＿＿＿＿＿＿＿＿＿＿＿＿＿＿＿＿＿。

2. 私の町は＿＿＿＿＿＿＿＿＿＿＿＿＿＿＿＿＿＿＿＿＿＿＿＿＿＿＿＿＿。

3. 私の猫は＿＿＿＿＿＿＿＿＿＿＿＿＿＿＿＿＿＿＿＿＿＿＿＿＿＿＿＿＿。

4. 私の部屋は＿＿＿＿＿＿＿＿＿＿＿＿＿＿＿＿＿＿＿＿＿＿＿＿＿＿＿＿。

5. このお寺は＿＿＿＿＿＿＿＿＿＿＿＿＿＿＿＿＿＿＿＿＿＿＿＿＿＿＿＿。

6. ななみさんは＿＿＿＿＿＿＿＿＿＿＿＿＿＿＿＿＿＿＿＿＿＿＿＿＿＿＿。

II Décrivez les éléments suivants en utilisant au moins deux adjectifs.

1. 日本は＿＿＿＿＿＿＿＿＿＿＿＿＿＿＿＿＿＿＿＿＿＿＿＿＿＿＿＿＿＿＿。

2. 私は＿＿＿＿＿＿＿＿＿＿＿＿＿＿＿＿＿＿＿＿＿＿＿＿＿＿＿＿＿＿＿＿。

3. 私の町は＿＿＿＿＿＿＿＿＿＿＿＿＿＿＿＿＿＿＿＿＿＿＿＿＿＿＿＿＿＿。

4. 私の友だちは＿＿＿＿＿＿＿＿＿＿＿＿＿＿＿＿＿＿＿＿＿＿＿＿＿＿＿＿。

クラス [   ]　なまえ [   ]

第7課　6　Radical du verbe ＋ に行く / 来る / 帰る

☞Grammaire 5

Ⅰ Réécrivez les phrases ci-dessous en utilisant la structure radical ＋ に行く / 来る / 帰る.

(Exemple) 図書館に行って、本を借ります。　→　図書館に本を借りに行きます。

1. 大阪に行って、友だちに会います。
   →

2. 家に帰って、晩ご飯を食べます。
   →

3. きのう、町に行って、雑誌を買いました。
   →

4. 私は週末京都に行って、写真を撮りました。
   →

5. ロバートさんはよく私のアパートに来て、パソコンを使います。
   →

Ⅱ Créez vos propres phrases en utilisant l'un des lieux de la liste ci-dessous.

Ex. 大学　　日本　　食堂　　コンビニ　　友だちのうち　　図書館　　お寺　　海

(Exemple) 大学　→　大学に友だちに会いに行きます。

1. _____

2. _____

3. _____

4. _____

第7課　7　Compter les personnes　　☛Grammaire 6

I Répondez aux questions en japonais.

1. 兄弟
きょうだい がいますか。何人
なんにん いますか。

2. ルームメイト (colocataires) がいますか。何人
なんにん いますか。

3. 日本語
にほんご のクラスに学生
がくせい が何人
なんにん いますか。

4. あなたの町
まち に人
ひと が何人
なんにん ぐらい住
す んでいますか。

5. 日本人
にほんじん の友
とも だちが何人
なんにん いますか。

II Traduisez les phrases suivantes.

1. Q：Combien d'élèves y a-t-il dans votre école ?

   A：Il y a environ 10 000 élèves dans mon école.

2. Ma grande sœur a deux enfants.

第7課 8 答えましょう (Questions)

▶ Entourez l'une des personnes ci-dessous et répondez aux questions à son sujet en japonais.

| père | mère | ami(e) | petite amie | petit ami |

autres (　　　　　　　　　　　　)

1. 名前は何ですか。

2. 何歳ですか。

3. どこに住んでいますか。

4. 何をしていますか。

5. 結婚していますか。

6. 背が高いですか。

7. 髪が長いですか。

8. どんな人ですか。(Décrivez deux de ses traits de caractère.)

第7課　9　聞く練習 (Compréhension orale)
<ruby>聞<rt>き</rt></ruby> <ruby>練習<rt>れんしゅう</rt></ruby>

A Un étudiant s'est fait voler par quelqu'un au dortoir. Un officier de police demande à Robert ce que lui et les autres élèves faisaient au moment de l'incident. Écrivez en japonais ce que faisaient les personnes suivantes. 🔊 W07-A

＊ほかの (autre)

1. ロバートさんとソラさんは、_____

2. たけしさんとけんさんは、_____

3. ゆいさんは、_____

B Écoutez un journaliste de télévision qui se trouve à la fête d'une célébrité. Choisissez la description qui convient pour chaque célébrité. 🔊 W07-B

＊ドレス (robe)　ボーイフレンド (petit ami)

1. Uno Daiki　　　　　　　　　　(　　　) (　　　)
2. Noguchi Erika　　　　　　　　(　　　) (　　　)
3. Matsumoto Kana　　　　　　　(　　　) (　　　)
4. Le nouveau petit ami de Matsumoto Kana　(　　　) (　　　)

a. porte un jean	b. a les cheveux courts	c. porte des lunettes
d. porte un chapeau	e. a les cheveux longs	f. est mignon(ne)
g. est gros(se)	h. est grand(e)	

C Mary interviewe des personnes qui se promènent en ville le dimanche. Que fait chaque personne interviewée aujourd'hui ? Choisissez les réponses qui conviennent. 🔊 W07-C

1. Tanaka : [a. achète des fleurs　b. achète des cartes　c. achète un jeu]

2. Sato : [a. joue à des jeux　b. chante des chansons　c. fait du sport]

3. Suzuki : [a. travaille dans un grand magasin　b. rencontre sa petite sœur

c. discute avec son petit frère]

クラス [   ]   なまえ [   ]

第8課 1 Forme courte (au présent)

☛ Grammaire 1

▶ Remplissez le tableau de conjugaison ci-dessous. Notez que les verbes en -*ru*, les verbes en -*u* et les verbes irréguliers sont classés de manière aléatoire sur cette feuille.

	forme du dictionnaire	court, négatif	long, affirmatif	forme en -*te*
Ex. manger	たべる	たべない	たべます	たべて
1. ouvrir				
2. acheter				
3. s'asseoir				
4. venir				
5. mourir				
6. éteindre				
7. étudier				
8. écrire				
9. il y a (quelque chose)				
10. boire				
11. comprendre				
12. attendre				
13. jouer				
14. se dépêcher				

第8課　2　**Forme courte** (langage familier)　　　☛Grammaire 2

I Rédigez des phrases interrogatives dans un langage familier à partir des indications et répondez-y négativement.

(Exemple)　(Vas-tu) étudier le japonais aujourd'hui ?
　→　Q：今日、日本語を勉強する？　A：ううん、勉強しない。
　　　　きょう　にほんご　べんきょう　　　　　　　べんきょう

1. (Est-ce que tu) prends souvent le bus ?
　→　Q：＿＿＿＿＿＿＿＿＿＿＿　A：ううん、＿＿＿＿＿＿＿＿

2. (Est-ce que tu) parles japonais tous les jours ?
　→　Q：＿＿＿＿＿＿＿＿＿＿＿　A：ううん、＿＿＿＿＿＿＿＿

3. As-tu des devoirs à faire aujourd'hui ?
　→　Q：＿＿＿＿＿＿＿＿＿＿＿　A：ううん、＿＿＿＿＿＿＿＿

4. (Vas-tu) sortir ce week-end ?
　→　Q：＿＿＿＿＿＿＿＿＿＿＿　A：ううん、＿＿＿＿＿＿＿＿

5. Es-tu libre demain ?
　→　Q：＿＿＿＿＿＿＿＿＿＿＿　A：ううん、＿＿＿＿＿＿＿＿

6. Es-tu japonais ?
　→　Q：＿＿＿＿＿＿＿＿＿＿＿　A：ううん、＿＿＿＿＿＿＿＿

7. Est-ce que c'est chaud ?
　→　Q：＿＿＿＿＿＿＿＿＿＿＿　A：ううん、＿＿＿＿＿＿＿＿

II Répondez aux questions suivantes dans un langage familier.

1. 今日は何曜日？
　きょう　なんようび

2. どんな食べ物がきらい？
　　　　た　もの

3. 今週の週末、何をする？
　こんしゅう　しゅうまつ　なに

第8課 3 Citations（〜と思（おも）います）

☛Grammaire 3

I Traduisez les phrases suivantes. Dans les phrases 4 à 6, « Je ne pense pas que... » doit être traduit par 〜ないと思（おも）います.

1. Je pense que le professeur Yamashita est beau.

2. Je pense que cette femme est le professeur de japonais de Mary.

3. Je pense que le professeur Yamashita lit beaucoup de livres.

4. Je ne pense pas que cette ville est intéressante. (litt., « Je pense que cette ville n'est pas intéressante. »)

5. Je ne pense pas que Mai aime Mayumi.

6. Je ne pense pas qu'il neigera demain.

II Répondez aux questions suivantes en utilisant 〜と思（おも）います.

1. あしたはどんな天気（てんき）ですか。

2. 来週（らいしゅう）は忙（いそが）しいですか。

3. あなたの日本語（にほんご）の先生（せんせい）は、料理（りょうり）が上手（じょうず）ですか。

4. あなたの日本語（にほんご）の先生（せんせい）は、今週（こんしゅう）の週末（しゅうまつ）、何（なに）をしますか。

第8課　4　Citations (〜と言っていました)　　　　　👉Grammaire 4

❯ Posez les questions suivantes à quelqu'un (de préférence japonais). Rapportez ses réponses en utilisant 〜と言っていました.

(Exemple) 大学生ですか。→　田中さんは大学生だと言っていました。

1. 毎日、楽しいですか。

　→

2. どんな果物が好きですか。

　→

3. よくお酒を飲みますか。

　→

4. どんなスポーツをよくしますか。

　→

5. 兄弟がいますか。

　→

6. どこに住んでいますか。

　→

7. 結婚していますか。

　→

8. 車を持っていますか。

　→

9. 週末はたいてい何をしますか。

　→

10. (votre propre question)

　→

Obtenez la signature de la personne que vous avez interrogée : _____

クラス [　　　　　]　　なまえ [　　　　　　　　　　]

第8課 5 〜ないでください

■☞Grammaire 5

Ⅰ Traduisez les phrases suivantes.

(Exemple) Ne m'attendez pas, s'il vous plaît. (Parce que) je vais être en retard.

→ 私を待たないでください。遅くなりますから。

1. N'oubliez pas votre parapluie, s'il vous plaît. (Parce qu') il va pleuvoir cet après-midi.

→

2. N'ouvrez pas la fenêtre, s'il vous plaît. (Parce que) j'ai froid.

→

3. N'éteignez pas la télé, s'il vous plaît. (Parce que) je regarde les informations (ニュース).

→

4. Ne jetez pas le magazine, s'il vous plaît. (Parce que) ce n'est pas le mien.

→

Ⅱ Écrivez la forme du dictionnaire de chacun des verbes utilisés dans les phrases suivantes.

(Exemple) たべないでください。　→　＿＿＿＿たべる＿＿＿＿

1. きらないでください。　＿＿＿＿＿＿＿＿＿＿

2. きないでください。　＿＿＿＿＿＿＿＿＿＿

3. こないでください。　＿＿＿＿＿＿＿＿＿＿

4. かかないでください。　＿＿＿＿＿＿＿＿＿＿

5. しないでください。　＿＿＿＿＿＿＿＿＿＿

6. しなないでください。　＿＿＿＿＿＿＿＿＿＿

7. かえらないでください。　＿＿＿＿＿＿＿＿＿＿

8. かわないでください。　＿＿＿＿＿＿＿＿＿＿

第8課　6　Verbe のが好きです / 上手です　　　☞ Grammaire 6
す　　　　じょうず

I Écrivez ce que vous faites bien, ce que vous ne faites pas bien, ce que vous aimez faire et ce que vous n'aimez pas faire, en utilisant les verbes dans le cadre.

parler japonais	conduire une voiture	prendre des photos	chanter
écouter de la musique	prendre un bain	faire du sport	cuisiner
faire la lessive	nettoyer	laver une voiture	

1. 私は＿＿＿＿＿＿＿＿＿＿＿＿＿＿＿＿＿＿＿下手です。
わたし　　　　　　　　　　　　　　　　　　　　　へ た

2. 私は＿＿＿＿＿＿＿＿＿＿＿＿＿＿＿＿＿＿＿あまり上手じゃないです。
わたし　　　　　　　　　　　　　　　　　　　　　　　じょうず

3. 私は＿＿＿＿＿＿＿＿＿＿＿＿＿＿＿＿＿＿＿大好きです。
わたし　　　　　　　　　　　　　　　　　　　　　だい す

4. 私は＿＿＿＿＿＿＿＿＿＿＿＿＿＿＿＿＿＿＿きらいです。
わたし

5. 私は＿＿＿＿＿＿＿＿＿＿＿＿＿＿＿＿＿＿＿あまり好きじゃないです。
わたし　　　　　　　　　　　　　　　　　　　　　　　す

II Traduisez les phrases suivantes.

1. Erika est très douée pour se faire des amis.

2. Kenta adore lire des livres.

3. Haruto déteste nettoyer sa chambre.

4. Yui n'est pas douée pour conduire une voiture.

5. Yuki n'aime pas beaucoup faire la lessive.

第8課 7 が・何か et 何も

🖝Grammaire 7・8

I Regardez cette image d'une fête et complétez les conversations suivantes.

1. Q：だれが新聞を読んでいますか。

A：＿＿＿＿＿＿＿＿＿＿＿＿＿＿＿＿＿＿。

2. Q：＿＿＿＿＿＿＿＿＿＿＿＿＿＿＿＿＿。

A：森さんが撮っています。

3. Q：だれがめがねをかけていますか。

A：＿＿＿＿＿＿＿＿＿＿＿＿＿＿＿＿＿＿。

4. Q：＿＿＿＿＿＿＿＿＿＿＿＿＿＿＿＿＿。

A：田中さんがかぶっています。

II Traduisez les phrases suivantes. (Notez notamment que 何か et 何も ne sont normalement pas accompagnés de particules.)

1. Q：Avez-vous mangé quelque chose ce matin ?

   A：Non, je n'ai rien mangé ce matin.

2. Q：Qu'allez-vous faire ce week-end ?

   A：Je ne vais rien faire.

3. Voulez-vous boire quelque chose ?

4. Kento a demandé quelque chose, mais je n'ai pas compris.

第8課　8　答えましょう (Questions)

I Répondez aux questions suivantes en japonais en utilisant 〜と思います.

1. 日本語のクラスについてどう思いますか。

2. 日本語の先生は何をするのが好きですか。

3. あした、雨が降りますか。

4. あなたの友だちは料理が上手ですか。

II Répondez aux questions suivantes en japonais.

1. 何をするのが好きですか。

2. 何をするのが下手ですか。

3. 何をするのがきらいですか。

4. 掃除するのが好きですか。

第8課 9 聞く練習 (Compréhension orale)

A Choisissez l'image qui décrit le mieux la situation dans laquelle vous êtes susceptible d'entendre chacune des phrases. 🔊 W08-A

1. (   )   2. (   )   3. (   )   4. (   )   5. (   )   6. (   )   7. (   )

B Robert et Ken sont en train de discuter. Répondez aux questions en japonais. 🔊 W08-B

*～と言っていた (version familière de ～と言っていました)

1. ロバートさんとけんさんは、いつゲームをしますか。

2. たけしさんはゲームをしに来ますか。どうしてですか。

3. トムさんはゲームをしに来ますか。どうしてですか。

C Mary fait un compte rendu de son interview du professeur Honma à la classe. Entourez chaque élément qui est vrai. 🔊 W08-C   *インタビュー (interview)

1. Le week-end, le professeur Honma :

　 [a. joue au base-ball　　b. joue au tennis　　c. regarde du sport　　d. a des rendez-vous galants].

2. Le professeur Honma :　 [a. ne cuisine jamais　　　　b. cuisine de temps en temps

　　　　　　　　　　　　　　c. est un bon cuisinier　　　d. n'est pas un bon cuisinier].

3. Les élèves du professeur Honma sont :

　 [a. animés　　b. calmes　　c. assidus　　d. gentils　　e. intéressants].

第9課 1 Forme courte au passé

☛Grammaire 1

➤ Complétez les tableaux ci-dessous.

Verbes

forme du dictionnaire	passé, affirmatif	passé, négatif	présent, long
Ex. たべる	たべた	たべなかった	たべます
1. よむ			
2. あそぶ			
3. おぼえる			
4. いく			
5. もらう			
6. おどる			
7. およぐ			
8. ひく			
9. やすむ			
10. する			
11. くる			

Adjectifs/nom

forme du dictionnaire	passé, affirmatif	passé, négatif
Ex. おもしろい	おもしろかった	おもしろくなかった
12. わかい		
13. かっこいい		
Ex. いじわる(な)	いじわるだった	いじわるじゃなかった
14. きれい(な)		
15. にちようび		

第9課 2 Forme courte au passé (langage familier)　　　☞Grammaire 2

Ⅰ Rédigez des phrases interrogatives dans un langage familier à partir des indications et répondez-y négativement.

(Exemple) きのう、日本語を勉強する
にほんご　べんきょう
　　　→　Q：きのう、日本語を勉強した？　A：ううん、勉強しなかった。
　　　　　　　　にほんご　べんきょう　　　　　　　　　　べんきょう

1. きのう、友だちに会う
とも　　　あ
　　　→　Q：＿＿＿＿＿＿＿＿＿＿＿　A：ううん、＿＿＿＿＿＿＿＿＿

2. きのう、運動する
うんどう
　　　→　Q：＿＿＿＿＿＿＿＿＿＿＿　A：ううん、＿＿＿＿＿＿＿＿＿

3. 先週、試験がある
せんしゅう　しけん
　　　→　Q：＿＿＿＿＿＿＿＿＿＿＿　A：ううん、＿＿＿＿＿＿＿＿＿

4. 先週の週末、大学に来る
せんしゅう　しゅうまつ　だいがく　く
　　　→　Q：＿＿＿＿＿＿＿＿＿＿＿　A：ううん、＿＿＿＿＿＿＿＿＿

5. 先週の週末、楽しい
せんしゅう　しゅうまつ　たの
　　　→　Q：＿＿＿＿＿＿＿＿＿＿＿　A：ううん、＿＿＿＿＿＿＿＿＿

6. 子供の時、髪が長い
こども　とき　かみ　なが
　　　→　Q：＿＿＿＿＿＿＿＿＿＿＿　A：ううん、＿＿＿＿＿＿＿＿＿

7. 子供の時、勉強がきらい
こども　とき　べんきょう
　　　→　Q：＿＿＿＿＿＿＿＿＿＿＿　A：ううん、＿＿＿＿＿＿＿＿＿

Ⅱ Imaginez des questions que vous voulez poser à votre ami sur son enfance dans un langage familier.

(Exemple) 子供の時、よくスポーツをした？
こども　とき

1.

2.

3.

第9課　3　**Citations** (〜と思います)　　　　　　　　　　☛Grammaire 3

I Traduisez les phrases suivantes en utilisant la forme courte ＋ と思います. Dans les phrases 4 à 6, « Je ne pense pas que... » doit être traduit par 〜なかったと思います.

1. Je pense que le concert a commencé à neuf heures.

2. Je pense que Ken a fait de l'exercice le week-end dernier.

3. Je pense que le père de Tadashi était beau quand il était jeune.

4. Je ne pense pas que l'examen de la semaine dernière était difficile. (litt., « Je pense que l'examen de la semaine dernière n'était pas difficile. »)

5. Je ne pense pas que Mie était méchante quand elle était enfant.

6. Je ne pense pas que Mai a reçu une lettre de Mari.

II Imaginez comment étaient vos amis, votre famille ou vos professeurs quand ils étaient enfants, en utilisant 〜と思います.

(Exemple) メアリーさんは子供の時、かわいかったと思います。

1.

2.

3.

第9課 4 Citations (～と言っていました)

🖝Grammaire 4

▶ Posez les questions suivantes à quelqu'un (de préférence japonais). Rapportez ses réponses en utilisant ～と言っていました.

[Exemple] 仕事は何ですか。→　田中さんは会社員だと言っていました。

1. どんな音楽をよく聞きますか。

→

2. 何をするのがきらいですか。

→

3. 先週の週末、何をしましたか。

→

4. 子供の時、いい子でしたか。

→

5. 子供の時、背が高かったですか。

→

6. 子供の時、学校が好きでしたか。

→

7. 子供の時、どこに住んでいましたか。

→

8. 子供の時、よく何をしましたか。

→

9. (votre propre question)

→

Obtenez la signature de la personne que vous avez interrogée : _____

第9課　5　Qualifier les noms avec des verbes　☞Grammaire 5

➤ Regardez l'image et répondez aux questions. Utilisez la structure ○○さんは～ている人_{ひと}
です afin de décrire ce que chaque personne est en train de faire.

1. みどりさんはどの人_{ひと}ですか。

2. ともやさんはどの人_{ひと}ですか。

3. はなさんはどの人_{ひと}ですか。

4. しんじさんはどの人_{ひと}ですか。

5. えりかさんはどの人_{ひと}ですか。

クラス [   ] なまえ [   ]

第9課 6 もう～ました / まだ～ていません

🖝Grammaire 6

➤ Écrivez des questions pour demander à une personne si elle a déjà fait les choses ci-dessous. Répondez aux questions en utilisant もう ou まだ. Prêtez attention à la forme des verbes, affirmative ou négative, lorsque vous répondez.

(Exemple) déjeuner

→　Q：もう昼ご飯を食べましたか。
　　　　　ひる　はん　た
　　A：はい、もう食べました。／いいえ、まだ食べていません。
　　　　　　　　　た　　　　　　　　　　　　　　　た

1. mémoriser de nouveaux kanji

→　Q：_____

　　A：はい、_____

2. nettoyer votre chambre

→　Q：_____

　　A：いいえ、_____

3. parler avec le nouveau professeur

→　Q：_____

　　A：いいえ、_____

4. rédiger un rapport

→　Q：_____

　　A：はい、_____

第9課　7　～から　　　　　　　　　　　　　　●☞Grammaire 7

I Traduisez les phrases suivantes. Notez que [la raison ＋ から] précède le résultat.

1. Je ne ferai pas d'exercice parce que je suis malade aujourd'hui.

2. Je ne me promènerai pas aujourd'hui parce qu'il pleut.

3. Minami est très populaire parce qu'elle est douée pour danser.

4. Je me sentais très seul parce que je n'avais pas d'amis.

II Répondez aux questions en utilisant [la forme courte ＋ から].

(Exemple) Q：きのう勉強しましたか。
A：いいえ、宿題がなかったから、勉強しませんでした。

1. Q：先週は忙しかったですか。

　　A：＿＿＿＿＿＿＿＿＿＿＿＿＿＿＿＿＿＿＿＿＿＿。

2. Q：きのう、学校に来ましたか。

　　A：＿＿＿＿＿＿＿＿＿＿＿＿＿＿＿＿＿＿＿＿＿＿。

3. Q：今週の週末、出かけますか。

　　A：＿＿＿＿＿＿＿＿＿＿＿＿＿＿＿＿＿＿＿＿＿＿。

4. Q：来年も日本語を勉強しますか。

　　A：＿＿＿＿＿＿＿＿＿＿＿＿＿＿＿＿＿＿＿＿＿＿。

第9課　8　答えましょう (Questions)

▶ Répondez aux questions suivantes de façon familière.

1. きのうの晩ご飯は何を食べた？

　　おいしかった？

2. きのう何時ごろ寝た？

3. きのう洗濯した？

4. もう十課 (Leçon 10) の単語を覚えた？

5. 先週、映画を見た？

　　どうだった？

6. 子供の時、何をするのが好きだった？

7. 週末、何をした？

第9課 9 聞く練習 (Compréhension orale)
き れんしゅう

A Ken et Yui sont en train de discuter. Écoutez le dialogue et répondez aux questions en japonais. 🔊 W09-A
　　　　　　　　　　　　　　　　　　　　　　　　　　　　＊イタリア (Italie)

1. だれが遅くなりましたか。
　　　　　おそ

2. けんさん／ゆいさんは何分ぐらい待ちましたか。
　　　　　　　　　　　　　なんぷん　　　　　ま

3. けんさんとゆいさんは何をしますか。
　　　　　　　　　　　　　　なに

4. レストランはどこにありますか。

B Jun montre une photo prise lors de sa fête d'anniversaire. Où se trouvent les personnes suivantes sur la photo ? 🔊 W09-B
　　　　　　　　　　　　　　　　　　　　　＊ケーキ (gâteau)　ワイン (vin)

1. (   ) Jun

2. (   ) l'amie de Jun

3. (   ) la petite sœur de Jun

4. (   ) la grande sœur de Jun

5. (   ) le petit frère de Jun

6. (   ) le père de Jun

7. (   ) Pochi

C Écoutez le dialogue qui se déroule dans un magasin. Combien d'exemplaires de chaque article le commerçant a-t-il vendus ? 🔊 W09-C

　　　　　　　　　Combien ?　　Montant total

1. café　　　(   )＿＿＿＿＿＿＿¥　　4. thé　　　　　(   )＿＿＿＿＿＿＿¥

2. orange　（   ）＿＿＿＿＿＿＿¥　　5. panier-repas　(   )＿＿＿＿＿＿＿¥
（オレンジ）

3. boulette de riz　（   ）＿＿＿＿＿＿＿¥
（おにぎり）

クラス[   ] なまえ[   ]

第10課 1 Comparaison entre deux éléments

☞Grammaire 1

I Traduisez les phrases suivantes.

1. La Russie (ロシア) est plus grande que le Canada (カナダ).

2. Les dimanches sont plus amusants que les lundis.

3. Takeshi est plus âgé que Mary.

4. Q : Que préférez-vous, le football ou le base-ball ?

   A : Je préfère le base-ball.

II Rédigez des phrases comparatives (questions et réponses).

(Exemple) Q : 日本語のクラスとビジネスのクラスとどっちのほうが大変ですか。
          A : 日本語のクラスのほうがビジネスのクラスより大変です。

1. Q :

   A :

2. Q :

   A :

第10課 2 Comparaison entre trois éléments ou plus   ☛Grammaire 2

I À partir des catégories suivantes, posez des questions « quel/qui est le plus... » et répondez-y.

> Ex.
> 日本料理　　世界の町　　有名人　　季節　　野菜　　外国語
> にほんりょうり　せかい　まち　ゆうめいじん　きせつ　やさい　がいこくご

(Exemple)

Q：日本料理の中で、何がいちばんおいしいですか。
にほんりょうり　なか　なに

A：すしがいちばんおいしいです。／すしがいちばんおいしいと思います。
おも

1. Q：

   A：

2. Q：

   A：

3. Q：

   A：

II Rédigez des phrases comparatives avec les éléments ci-dessous.

(Exemple) kanji / *katakana* / *hiragana*

→ 漢字とカタカナとひらがなの中で、漢字がいちばん難しいです。
かんじ　　　　　　　　　　なか　かんじ　　　　　むずか

1. Takeshi / Robert / le professeur Yamashita

2. viande / poisson / légumes

第10課 3 Adjectif/nom ＋ の

☞Grammaire 3

I Regardez les images et écrivez vos propres réponses en utilisant の.

熱い　　　冷たい
あつ　　　つめ

1. Q：どちらのコーヒーを飲みますか。
　　　　　　　　　　　　　　　　の

　A：_____。

きれい　　安い
　　　　　やす

2. Q：どちらのかばんがいいですか。

　A：_____。

Guide Book Japan　ガイドブック日本

英語　　日本語
えいご　　にほんご

3. Q：どちらのガイドブック (guide) を買いますか。
　　　　　　　　　　　　　　　　　　　　　　か

　A：_____。

II Traduisez les phrases suivantes.

1. Cette horloge est chère. Donnez-m'en une qui est bon marché.

2. Mon ordinateur est plus lent que le vôtre.

3. Quel genre de films aimez-vous ? — J'aime les films d'horreur.

4. Cette voiture est vieille. Je vais en acheter une nouvelle.

5. Ce T-shirt rouge est plus cher que ce blanc-là.

第10課 4 〜つもりだ　　　　　　　　　　　　　☞Grammaire 4

I Rédigez des phrases en utilisant 〜つもりです.

(Exemple)　regarder un film ce soir

→ 　今晩映画を見るつもりです。
　　こんばんえい が　　　み

1. ne pas sortir le dimanche

　　→

2. travailler dans une entreprise japonaise

　　→

3. ne pas se marier

　　→

4. séjourner chez un ami parce que les hôtels sont chers

　　→

II Répondez aux questions suivantes en utilisant 〜つもりです.

1. 今晩何をしますか。
　　こんばんなに

2. この週末、何をしますか。
　　　しゅうまつ　なに

3. 来年も日本語を勉強しますか。
　　らいねん　にほんご　べんきょう

4. 夏休み／冬休みに何をしますか。
　　なつやす　ふゆやす　なに

第10課　5　Adjectif ＋なる　　　☛Grammaire 5

Ⅰ Décrivez les changements suivants en utilisant 〜なりました.

1.　grande

1. _____

2. _____

3. _____

Ⅱ Traduisez les phrases suivantes en utilisant le verbe なります. Prêtez attention à l'ordre des éléments dans les phrases : « (proposition subordonnée) から, (proposition principale)».

1. Ma chambre est propre parce que je l'ai nettoyée ce matin.

2. J'ai sommeil parce que je n'ai pas beaucoup dormi la nuit dernière.

3. Je suis devenu très bon pour parler en japonais parce que je me suis beaucoup exercé.

4. Je serai (deviendrai) enseignant parce que j'aime les enfants.

第10課 6　どこかに / どこにも・〜で行きます　　　☛Grammaire 6・7

I Traduisez les phrases suivantes en japonais.

1. Q：Allez-vous quelque part pour les prochaines vacances ?

   A：Non, je ne vais aller nulle part.

2. Q：Avez-vous fait quelque chose le week-end dernier ?

   A：Non, je n'ai rien fait.

3. Q：Avez-vous rencontré quelqu'un à la fête ?

   A：Non, je n'ai rencontré personne.

II Complétez la conversation suivante en vous basant sur l'image ci-dessous.

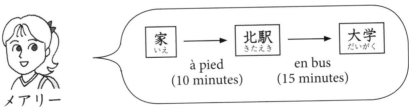

家 (いえ) → 北駅 (きたえき) → 大学 (だいがく)
à pied (10 minutes)　en bus (15 minutes)
メアリー

ゆい：　　　　メアリーさんは、家から北駅までどうやって行きますか。

メアリー：　1._____。

ゆい：　　　そうですか。2._____か。

メアリー：　十分かかります。
　　　　　　（じゅっぷん）

ゆい：　　　北駅から大学まで 3._____か。
　　　　　　（きたえき）　（だいがく）

メアリー：　バスで行きます。

ゆい：　　　どのぐらいかかりますか。

メアリー：　そうですね、4._____。

第10課　7　答えましょう (Questions)

▶ Répondez aux questions suivantes en japonais.

1. 食べ物の中で何がいちばん好きですか。

2. 季節の中でいつがいちばん好きですか。どうしてですか。

3. 有名人の中でだれがいちばん好きですか。どうしてですか。

4. あなたと日本語の先生とどっちのほうが背が高いですか。

5. あなたはどうやって家から学校まで行きますか。どのぐらいかかりますか。

6. 今度の休みにどこかに行きますか。

7. 先週の週末、何かしましたか。

8. 先週の週末、だれかに会いましたか。

第10課 8 聞く練習 (Compréhension orale)

A Mary et ses amis parlent des prochaines vacances d'hiver. Écoutez le dialogue et remplissez le tableau en japonais. 🔊 W10-A

	どこに行きますか	何をしますか	どのぐらい行きますか
メアリー			
ロバート			
たけし			
ソラ			

B Anita, qui est étudiante dans une école de langue japonaise, veut aller à l'université au Japon. Elle est intéressée par trois universités (Hanaoka, Sakura et Tsushima). Écoutez la conversation entre Anita et son professeur de japonais, et répondez aux questions en japonais. 🔊 W10-B

＊学費 (frais de scolarité)

1. はなおか大学とさくら大学とつしま大学の中で、どれがいちばん大きいですか。

2. つしま大学の学費はいくらですか。

3. ここからさくら大学までどのぐらいかかりますか。どうやって行きますか。

4. どの大学の日本語のクラスがいちばんいいですか。

はなおか大学

さくら大学

つしま大学

C Lisez le journal intime de Yui. Écoutez les questions et écrivez vos réponses en japonais.

🔊 W10-C

冬休みに友だちと東京へ行った。12月11日にバスで行った。
東京で買い物をした。それから、東京ディズニーランドに
行った。12月15日に帰った。とても楽しかった。

1. _____

2. _____

3. _____

4. _____

5. _____

第11課　1　〜たい　　　　　👉Grammaire 1

I Choisissez dans la liste ci-dessous deux choses que vous voulez faire et deux choses que vous ne voulez pas faire, et rédigez des phrases.

> 山に登る　学校をやめる　うそをつく　ごろごろする　働く
> やま　のぼ　がっこう　　　　　　　　　　　　　　　　　はたら
> 旅行する　ピアノを習う　外国に住む　友だちとけんかする
> りょこう　　　　なら　がいこく　す　とも

1. Ce que vous voulez faire :　　　　2. Ce que vous ne voulez pas faire :

(a)　　　　　　　　　　　　　　　　　　(a)

(b)　　　　　　　　　　　　　　　　　　(b)

II Indiquez si vous vouliez ou ne vouliez pas faire les choses suivantes.

(Exemple)　aller à l'école

→　子供の時、学校に行きたかったです。／
　　こども　とき　がっこう　い
　　子供の時、学校に行きたくなかったです。
　　こども　とき　がっこう　い

1. avoir un chien

→

2. manger des sucreries

→

3. prendre l'avion

→

4. être chanteur

→

5. jouer à des jeux

→

第11課 2 ～たり～たりする

☛Grammaire 2

I Traduisez les phrases suivantes en utilisant ～たり～たり. Prêtez attention à la façon dont se terminent les phrases.

　1. J'ai regardé un film, fait du shopping, etc., durant le week-end.

　2. Je ferai la lessive, j'étudierai, etc., demain.

　3. J'ai rencontré un ami, lu un livre, etc., hier.

　4. Je m'exerce au japonais, je regarde un film japonais, etc., à la maison.

　5. Je veux escalader une montagne, me rendre dans une source thermale, etc., ce week-end.

　6. Il est interdit de fumer, boire de la bière, etc., au dortoir（寮）.

II Répondez aux questions en utilisant ～たり～たり. Prêtez attention à la façon dont se terminent les phrases.

　1. デートの時、何をしますか。

　2. 休みに何をしましたか。

　3. 子供の時、よく何をしましたか。

　4. 今度の週末、何がしたいですか。

第11課　3　〜ことがある　　　　　　　　　☛Grammaire 3

Ⅰ Choisissez dans la liste ci-dessous trois choses que vous avez déjà faites et trois choses que vous n'avez jamais faites, et rédigez des phrases.

山に登る	英語を教える	地下鉄に乗る	日本料理を作る	働く
猫を飼う	クラスで寝る	ピアノを習う	ダイエットをする	
温泉に入る	外国に住む	先生に手紙を書く	友だちとけんかする	

1. Ce que vous avez déjà fait :

(a)

(b)

(c)

2. Ce que vous n'avez jamais fait :

(a)

(b)

(c)

Ⅱ Rédigez des questions et des réponses à partir des indications.

(Exemple)　dire un mensonge

→　Q：うそをついたことがありますか。

A：はい、あります。／いいえ、ありません。

1. sécher les cours

→　Q：

A：

2. escalader le mont Fuji（富士山）

→　Q：

A：

第11課 4 Nom A や nom B

☛Grammaire 4

▶ Répondez aux questions avec 〜や〜.

1. 大学の近くに何がありますか。
   だいがく　ちか　なに

2. 今、十万円あります。何が買いたいですか。
   いま　じゅうまんえん　なに　か

3. 誕生日に何をもらいましたか。
   たんじょうび　なに

4. 休みの日に、よくどこに行きますか。
   やす　ひ　い

5. 有名人の中で、だれに会いたいですか。
   ゆうめいじん　なか　あ

6. どんな日本料理を食べたことがありますか。
   にほんりょうり　た

7. カラオケでどんな歌を歌いますか。
   うた　うた

第11課　5　答えましょう (Questions)

I Répondez aux questions suivantes, au sujet de votre voyage, en japonais.

1. どこに行きましたか。

2. そこで何をしましたか。(Utilisez 〜たり〜たり.)

3. 食べ物はどうでしたか。何を食べましたか。(Utilisez や.)

4. どんな所でしたか。(Utilisez 〜て／〜で.)

5. また行きたいですか。どうしてですか。

II Répondez aux questions suivantes en japonais.

1. 子供の時、何になりたかったですか。

2. 今は何になりたいですか。どうしてですか。

3. 猫や犬を飼ったことがありますか。

第11課 6 聞く練習 (Compréhension orale)
きくれんしゅう

A Ryota, Kana et Ken discutent de leurs vacances. Qu'ont-ils fait ? Que prévoient-ils de faire lors de leurs prochaines vacances ? Choisissez les réponses à partir de la liste.

🔊 W11-A　　　　　　　　　　　　　　　　　　＊ビーチ (plage)

> a. skier　　　b. faire du camping　　　c. faire une balade en voiture
>
> d. ne rien faire　　　e. faire du shopping　　　f. rencontrer des amis
>
> g. se promener sur une plage　　　h. faire un petit boulot
>
> i. escalader des montagnes　　　j. se baigner dans une source thermale

	1. dernières vacances	2. prochaines vacances
りょうた…	(　　)(　　)	(　　)
かな………	(　　)(　　)(　　)	(　　)
けん………	(　　)	(　　)(　　)

B Écoutez les deux courts dialogues et choisissez la ou les réponses les plus appropriées.

🔊 W11-B　　　　　　　　　　　　　　　　　　＊パンダ (panda)

Dialogue 1. Ils vont manger [a. de la pizza　b. des sushis　c. des pâtes（パスタ）].

Dialogue 2. Où vont-ils aller à Tokyo ?

　　　　　　Aujourd'hui : [a. shopping　b. musée d'art　c. théâtre de kabuki　d. zoo]

　　　　　　Demain : 　　[a. shopping　b. musée d'art　c. théâtre de kabuki　d. zoo]

C Écoutez le dialogue et complétez les phrases. 🔊 W11-C

1. メアリーさんは、今、＿＿＿＿＿＿＿＿＿＿＿＿＿と言っていました。
いま　　　　　　　　　　　　　　　　　　　　　　　　　　い

2. トムさんは、子供の時、＿＿＿＿＿＿＿＿＿＿＿＿＿と言っていました。
こども　とき　　　　　　　　　　　　　　　　　　い

3. 先生は、子供の時、＿＿＿＿＿＿＿＿＿＿＿＿＿と言っていました。
せんせい　こども　とき　　　　　　　　　　　　　　い

第12課　1　〜んです

☛Grammaire 1

Ⅰ　Répondez à la question en utilisant 〜んです en fonction de chaque indication.

Q：どうしたんですか。

1. A：_____。
(J'ai mal au ventre.)

2. A：_____。
(J'ai rompu avec ma petite amie.)

3. A：_____。
(J'ai attrapé un rhume.)

4. A：_____。
(J'ai la gueule de bois.)

5. A：_____。
(J'ai perdu mon billet de train.)

6. A：_____。
(J'ai eu une mauvaise note.)

Ⅱ　Imaginez des raisons et répondez aux questions avec 〜んです.

1. Q：どうしてアルバイトをしているんですか。

A：_____。

2. Q：どうしてきのう授業をサボったんですか。
　　　　　　　　　じゅぎょう

A：_____。

3. Q：どうして疲れているんですか。
　　　　　　　つか

A：_____。

4. Q：どうして緊張しているんですか。
　　　　　　　きんちょう

A：_____。

第12課　2　〜すぎる　　☛Grammaire 2

I Complétez les phrases en fonction des indications données.

1. このお菓子は＿＿＿＿＿＿＿＿＿＿＿＿＿＿＿＿＿＿＿＿＿。
　　　かし　　　　　　　　　　(trop sucré)

2. あの授業は＿＿＿＿＿＿＿＿＿＿＿＿＿＿＿＿＿＿＿＿＿。
　　　じゅぎょう　　　　　　　(trop difficile)

3. 今日は＿＿＿＿＿＿＿＿＿＿＿＿＿から、学校に行きたくないです。
　　きょう　　　　(trop froid)　　　　　　がっこう　い

4. 父は＿＿＿＿＿＿＿＿＿＿＿＿＿＿＿＿＿＿＿＿＿＿＿。
　　ちち　　　　　　　　　　(travaille trop)

5. ＿＿＿＿＿＿＿＿＿＿＿＿＿＿＿＿＿＿＿＿＿＿＿＿＿。
　　　　　　(Je joue souvent trop aux jeux.)

6. ＿＿＿＿＿＿＿＿＿＿＿＿＿＿＿から、頭が痛くなりました。
　　　　(J'étais trop nerveux.)　　　　あたま　いた

7. ＿＿＿＿＿＿＿＿＿＿＿＿＿＿＿から、のどが痛くなりました。
　　　(J'ai trop chanté de chansons.)　　　　　　いた

8. 週末＿＿＿＿＿＿＿＿＿＿＿＿＿＿＿から、今日は勉強します。
　　しゅうまつ　　(J'ai trop joué.)　　　　きょう　べんきょう

II Plaignez-vous de quelque chose ou de quelqu'un en utilisant 〜すぎる.

Exemples de sujets : vie / cours de japonais / nourriture de la cafétéria / votre chambre / ami / père / mère / professeur

1.

2.

第12課　3　〜ほうがいいです　　　　　　　　☛Grammaire 3

I Traduisez les phrases suivantes.

1. Vous feriez mieux d'aller à l'hôpital.

2. Vous feriez mieux de mémoriser les kanji.

3. Vous feriez mieux d'appeler votre mère plus souvent.

4. Vous feriez mieux de ne pas vous inquiéter.

5. Vous feriez mieux de ne pas trop manger.

II Donnez des conseils en utilisant 〜ほうがいいですよ.

1. Votre ami：　あした試験があるんです。
　　　　　　　　　　　しけん

　Vous：　＿＿＿＿＿＿＿＿＿＿＿＿＿＿＿＿＿＿＿＿＿＿＿＿＿。

2. Votre ami：　おなかがすいたんです。

　Vous：　＿＿＿＿＿＿＿＿＿＿＿＿＿＿＿＿＿＿＿＿＿＿＿＿＿。

3. Votre ami：　かぜをひいたんです。

　Vous：　＿＿＿＿＿＿＿＿＿＿＿＿＿＿＿＿＿＿＿＿＿＿＿＿＿。

第12課 4 〜ので　　　　　　　　　　　☛Grammaire 4

I Traduisez les phrases suivantes en utilisant 〜ので. Notez que [la raison + ので] précède le résultat.

1. J'ai eu une mauvaise note parce que je n'ai pas étudié.

2. Je n'ai pas d'argent parce que j'ai payé la facture (les frais) d'électricité.

3. Je suis venu au Japon parce que je voulais étudier le japonais.

4. Je n'ai rien envie de faire parce que j'ai la gueule de bois.

5. Je lis le journal tous les jours parce que je m'intéresse à la politique.

6. Je ne vais pas aller à la fête demain parce que j'ai attrapé un rhume.

II Répondez aux questions en utilisant 〜ので.

(Exemple) Q：週末、何をするつもりですか。
A：何も用事がないので、うちでごろごろするつもりです。

1. Q：歌手の中でだれが好きですか。

A：＿＿＿＿＿＿＿＿＿＿＿＿＿＿＿＿＿＿＿

2. Q：今どこにいちばん行きたいですか。

A：＿＿＿＿＿＿＿＿＿＿＿＿＿＿＿＿＿＿＿

3. Q：将来、どこに住みたいですか。

A：＿＿＿＿＿＿＿＿＿＿＿＿＿＿＿＿＿＿＿

第12課　5　〜なければいけません / 〜なきゃいけません　　☛Grammaire 5

Ⅰ Lisez la première moitié de chaque phrase. Ensuite, choisissez ce que vous devez faire dans la liste et complétez les phrases en utilisant 〜なければいけません / 〜なきゃいけません. Vous ne pouvez utiliser chaque proposition qu'*une seule* fois.

quitter son petit boulot		acheter le manuel scolaire
faire la lessive	s'entraîner	se lever tôt

1. あしたは九時から授業があるので、＿＿＿＿＿＿＿＿＿＿＿＿＿＿＿＿＿。

2. 新しい授業が始まるので、＿＿＿＿＿＿＿＿＿＿＿＿＿＿＿＿＿＿＿＿。

3. 来週サッカーの試合があるので、＿＿＿＿＿＿＿＿＿＿＿＿＿＿＿＿＿。

4. お母さんが病気なので、＿＿＿＿＿＿＿＿＿＿＿＿＿＿＿＿＿＿＿＿＿。

5. 勉強が忙しくなったので、＿＿＿＿＿＿＿＿＿＿＿＿＿＿＿＿＿＿＿＿。

Ⅱ Écrivez deux choses que vous devez faire cette semaine et deux choses que vous deviez faire hier.

1. Cette semaine :

   (a)

   (b)

2. Hier :

   (a)

   (b)

第12課 6 ～でしょうか   ☛Grammaire 6

▶ Vous vivez dans un dortoir et allez avoir un nouveau colocataire. Demandez au coordinateur de quel genre de personne il s'agit en utilisant ～でしょうか.

1. Est-ce une personne japonaise ?

2. Quelle est sa spécialité ?

3. Est-ce une personne calme ?

4. Quel genre de musique aime-t-elle ?

5. Fume-t-elle ?

6. A-t-elle beaucoup d'amis ?

7. (votre propre question)

8. (votre propre question)

第12課 7 答えましょう (Questions)

▶ Répondez aux questions suivantes en japonais.

1. アレルギーがありますか。何のアレルギーですか。

2. よく何をしすぎますか。

3. 今、何に興味がありますか。

4. 日本語のクラスは宿題が多いと思いますか。

5. 悪い成績を取ったことがありますか。

6. かぜの時、何をしないほうがいいですか。

7. 今週の週末、何をしなければいけませんか。

第12課　8　聞く練習 (Compréhension orale)

A Écoutez les trois dialogues qui se déroulent dans une clinique. Marquez d'un ○ les symptômes de chaque patient et écrivez en japonais ce que le médecin leur suggère.

🔊 W12-A　　　　　　　　　＊さしみ (poisson cru)　ねつをはかる (prendre la température)

Patient	mal de gorge	maux de tête	mal de ventre	toux	fièvre	suggestion du médecin
1						
2						
3						

B Deux collègues discutent au bureau. Écoutez le dialogue et répondez aux questions suivantes en japonais. 🔊 W12-B

1. 男の人は今晩飲みに行きますか。どうしてですか。

2. 男の人はもうプレゼントを買いましたか。

C Un étudiant va étudier au Japon. Écoutez la conversation qui se déroule dans le bureau du conseiller pour les études à l'étranger. Marquez chacune des propositions suivantes d'un ○ si elle est vraie ou d'un × si elle est fausse. 🔊 W12-C　　　　　＊寮 (dortoir)

1. (　　　　) L'étudiant veut un colocataire japonais.

2. (　　　　) Il faut 30 minutes pour aller du dortoir à l'université à vélo.

3. (　　　　) Il y a une baignoire dans chaque chambre.

読み書き編
よ　か　へん

Lecture et écriture

第1課 1 *Hiragana* (あ – こ)
だい いっ か

I Exercez-vous à écrire les dix *hiragana* suivants (de あ à こ).

a	あ	ー あ	ナ	あ	あ	あ				
i	い	い	い	い	い	い				
u	う	`	う	う	う	う				
e	え	`	え	え	え	え				
o	お	ー お	お	お	お	お				
ka	か	つ か	カ	か	か	か				
ki	き	ー キ	ニ き	き	き	き				
ku	く	く		く	く	く				
ke	け	l け	に	け	け	け				
ko	こ	ー こ	こ	こ	こ	こ				

II Choisissez la romanisation qui correspond à chacun des mots en *hiragana* ci-dessous.

1. こい (　　)
(carpe)

2. うえ (　　)
(dessus)

3. おか (　　)
(colline)

4. あき (　　)
(automne)

5. いけ (　　)
(étang)

6. かく (　　)
(écrire)

a. *kaku*	d. *ike*
b. *aki*	e. *koi*
c. *ue*	f. *oka*

III Écrivez les mots ci-dessous en *hiragana*.

1. *au*
(rencontrer)

2. *ie*
(maison)

3. *ai*
(amour)

4. *kao*
(visage)

5. *koe*
(voix)

6. *kiku*
(écouter)

第1課 2 *Hiragana* (さ – と)

I Exercez-vous à écrire les dix *hiragana* suivants (de さ à と).

sa	さ	ー さ / ナ	さ	さ	さ					
shi	し	し	し	し	し					
su	す	ー す / す	す	す	す					
se	せ	ー せ / ナ せ	せ	せ	せ					
so	そ	そ	そ	そ	そ					
ta	た	ー た / ナ た	た	た	た					
chi	ち	ー ち / ち	ち	ち	ち					
tsu	つ	つ	つ	つ	つ					
te	て	て	て	て	て					
to	と	ヽ と / と	と	と	と					

II Choisissez la romanisation qui correspond à chacun des mots en *hiragana* ci-dessous.

1. あさ (   )
(matin)

2. とち (   )
(terrain)

3. かたて (   )
(une seule main)

4. すし (   )
(sushi)

5. きせつ (   )
(saison)

6. そと (   )
(dehors)

a. *kisetsu*	d. *tochi*
b. *soto*	e. *sushi*
c. *katate*	f. *asa*

III Écrivez les mots ci-dessous en *hiragana*.

1. *tasuke*
(aide)

2. *chikatetsu*
(métro)

3. *sekai*
(monde)

4. *kasa*
(parapluie)

5. *toshi*
(âge)

6. *asoko*
(là-bas)

第1課 3 *Hiragana* (な – ほ)
だい いっ か

I Exercez-vous à écrire les dix *hiragana* suivants (de な à ほ).

na	な	ー ナ / ナ な		な	な	な				
ni	に	し に / に		に	に	に				
nu	ぬ	い ぬ		ぬ	ぬ	ぬ				
ne	ね	l ね		ね	ね	ね				
no	の	の		の	の	の				
ha	は	し に / は		は	は	は				
hi	ひ	ひ		ひ	ひ	ひ				
fu	ふ	、ぷ / ふ ふ		ふ	ふ	ふ				
he	へ	へ		へ	へ	へ				
ho	ほ	し に / に ほ		ほ	ほ	ほ				

II Choisissez la romanisation qui correspond à chacun des mots en *hiragana* ci-dessous.

1. **ひふ** (   )
   (peau)

3. **ほね** (   )
   (os)

5. **このは** (   )
   (feuille)

2. **なにか** (   )
   (quelque chose)

4. **しぬ** (   )
   (mourir)

6. **へた** (   )
   (maladroit)

a. *shinu*	d. *hifu*
b. *hone*	e. *heta*
c. *nanika*	f. *konoha*

III Écrivez les mots ci-dessous en *hiragana*.

1. *fune*
   (bateau)

3. *hana*
   (fleur)

5. *nuno*
   (tissu)

2. *hoshi*
   (étoile)

4. *heso*
   (nombril)

6. *hiniku*
   (sarcasme)

第1課 4 Hiragana (ま – よ)

I Exercez-vous à écrire les huit *hiragana* suivants (de ま à よ).

ma	ま	一 / ＝ / ま	ま	ま	ま					
mi	み	み / み	み	み	み					
mu	む	ー / む / む	む	む	む					
me	め	＼ / め	め	め	め					
mo	も	し / も / も	も	も	も					
ya	や	つ / ゝ / や	や	や	や					
yu	ゆ	ゆ / ゆ	ゆ	ゆ	ゆ					
yo	よ	ー / よ	よ	よ	よ					

II Choisissez la romanisation qui correspond à chacun des mots en *hiragana* ci-dessous.

1. まち（　　）
(ville)

2. みせ（　　）
(magasin)

3. むね（　　）
(poitrine)

4. ゆめ（　　）
(rêve)

5. もや（　　）
(brouillard)

6. よむ（　　）
(lire)

a. *mune*	d. *yomu*
b. *mise*	e. *yume*
c. *moya*	f. *machi*

III Écrivez les mots ci-dessous en *hiragana*.

1. *mochi*
(gâteau de riz)

2. *matsu*
(attendre)

3. *kami*
(papier ; cheveux)

4. *oyu*
(eau chaude)

5. *musume*
(fille)

6. *yoyaku*
(réservation)

第1課 5 *Hiragana* (ら – ん)

I Exercez-vous à écrire les huit *hiragana* suivants (de ら à ん).

ra ら	ヽ ら	ら	ら	ら					
ri り	ｌ り	り	り	り					
ru る	る	る	る	る					
re れ	ｌ れ	れ	れ	れ					
ro ろ	ろ	ろ	ろ	ろ					
wa わ	ｌ わ	わ	わ	わ					
o (wo) を	ー を	を	を	を					
n ん	ん	ん	ん	ん					

II Choisissez la romanisation qui correspond à chacun des mots en *hiragana* ci-dessous.

1. わらう (　　)
(rire)

2. よる (　　)
(nuit)

3. きいろ (　　)
(jaune)

4. はれ (　　)
(ensoleillé)

5. きをつけて (　　)
(Faites attention !)

6. しんり (　　)
(psychologie)

a. *yoru*	e. *warau*
b. *shinri*	f. *kiiro*
c. *hare*	
d. *ki o/wo tsukete*	

III Écrivez les mots ci-dessous en *hiragana*.

1. *wakaru*
(comprendre)

2. *rekishi*
(histoire)

3. *me o(=wo) samasu*
(se réveiller)

4. *riron*
(théorie)

5. *rainen*
(année prochaine)

6. *han ei*
(prospérité)

第1課 だいいっか 6 *Hiragana* (deux traits/cercle/petits や, ゆ, よ)

Ⅰ Écoutez l'enregistrement et choisissez le mot en *hiragana* qui convient. 🔊 WY-1

1. a. かき
   b. かぎ

2. a. ぶんか
   b. ふんか

3. a. にんしん
   b. にんじん

4. a. けんぽう
   b. けんぼう

Ⅱ Écoutez attentivement l'enregistrement et complétez les cases avec des *hiragana*. 🔊 WY-2

1. ☐☐

4. ☐☐☐☐

2. ☐☐

5. ☐☐☐

3. ☐☐☐

6. ☐☐☐☐☐

Ⅲ Écoutez l'enregistrement et choisissez le mot en *hiragana* qui convient. 🔊 WY-3

1. a. しょみ
   b. しゅみ

2. a. じんじゃ
   b. じんじょ

3. a. りよかん
   b. りょかん

4. a. きやく
   b. きゃく

Ⅳ Écoutez l'enregistrement et complétez les cases avec des *hiragana*. 🔊 WY-4

1.

4.

2.

5.

3.

6.

第1課　7　*Hiragana* (consonnes doubles/voyelles longues)
だい いっ か

I Écoutez l'enregistrement et choisissez le mot en *hiragana* qui convient. 🔊 WY-5

1. ⌈a. さか
   ⌊b. さっか

2. ⌈a. いっさい
   ⌊b. いさい

3. ⌈a. あない
   ⌊b. あんない

4. ⌈a. ざっし
   ⌊b. ざし

II Écoutez attentivement l'enregistrement et complétez les cases avec des *hiragana*. 🔊 WY-6

1.

4.

2.

5.

3.

6.

III Écoutez l'enregistrement et choisissez le mot en *hiragana* qui convient. 🔊 WY-7

1. ⌈a. おじさん
   ⌊b. おじいさん

2. ⌈a. さよなら
   ⌊b. さようなら

3. ⌈a. えいが
   ⌊b. えが

4. ⌈a. くうき
   ⌊b. くき

IV Écoutez l'enregistrement et complétez les cases avec des *hiragana*. 🔊 WY-8

1.

4.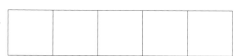

2.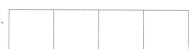

5.

3.

6.

第2課 だいにか 1 *Katakana* (ア – コ)

I Exercez-vous à écrire les dix *katakana* suivants (de ア à コ).

a ア	ˇ ア	ア	ア	ア				
i イ	ノ イ	イ	イ	イ				
u ウ	' ウ	''	ウ	ウ	ウ			
e エ	ー エ	┬	エ	エ	エ			
o オ	ー オ	ナ	オ	オ	オ			
ka カ	フ カ	カ	カ	カ				
ki キ	ー キ	ニ	キ	キ	キ			
ku ク	ノ ク	ク	ク	ク				
ke ケ	ノ ケ	ヒ	ケ	ケ	ケ			
ko コ	フ コ	コ	コ	コ				

II Écrivez les mots ci-dessous en *katakana*. Ces mots sont basés sur le vocabulaire anglais noté entre les parenthèses ( ).

Contrairement au système d'écriture *hiragana*, les voyelles longues des mots en *katakana* sont retranscrites par un tiret. Par exemple : リー (りぃ en *hiragana*), カー (かあ en *hiragana*), etc.

1. おーけー
   (okay) [OK]

2. けーき
   (cake) [gâteau]

3. うえあ
   (wear) [porter]

4. こーく
   (Coke) [cola]

5. きうい
   (kiwifruit) [kiwi]

6. ここあ
   (cocoa) [cacao]

第2課 2 *Katakana* (サ－ト)

I Exercez-vous à écrire les dix *katakana* suivants (de サ à ト).

sa	サ	一 サ / ナ	サ	サ	サ					
shi	シ	、 シ / :	シ	シ	シ					
su	ス	フ / ス	ス	ス	ス					
se	セ	⌐ / セ	セ	セ	セ					
so	ソ	丶 / ソ	ソ	ソ	ソ					
ta	タ	ノ タ / ク	タ	タ	タ					
chi	チ	ノ チ / ニ	チ	チ	チ					
tsu	ツ	丶 ツ / ¨	ツ	ツ	ツ					
te	テ	一 テ / ニ	テ	テ	テ					
to	ト		/ ト	ト	ト	ト					

II Écrivez les mots ci-dessous en *katakana*. Ces mots sont basés sur le vocabulaire anglais noté entre les parenthèses ( ).

1. しーざー
(Caesar) [César]

2. すーつ
(suit) [costume]

3. せっと
(set) [ensemble]

4. そっくす
(socks) [chaussettes]

5. たこす
(tacos)

6. ちーず
(cheese) [fromage]

7. たい
(Thailand) [Thaïlande]

8. でっき
(deck) [pont d'un bateau]

第2課 ③ *Katakana* (ナ – ホ)

Ⅰ Exercez-vous à écrire les dix *katakana* suivants (de ナ à ホ).

na	ナ	ー ナ	ナ	ナ	ナ				
ni	ニ	ー ニ	ニ	ニ	ニ				
nu	ヌ	フ ヌ	ヌ	ヌ	ヌ				
ne	ネ	、ヲ / ヌ ネ	ネ	ネ	ネ				
no	ノ	ノ	ノ	ノ	ノ				
ha	ハ	ノ ハ	ハ	ハ	ハ				
hi	ヒ	ー ヒ	ヒ	ヒ	ヒ				
fu	フ	フ	フ	フ	フ				
he	ヘ	ヘ	ヘ	ヘ	ヘ				
ho	ホ	ー ナ / オ ホ	ホ	ホ	ホ				

Ⅱ Écrivez les mots ci-dessous en *katakana*. Ces mots sont basés sur le vocabulaire anglais noté entre les parenthèses ( ).

1. ぼさのば
(bossa-nova)

2. かぬー
(canoe) [canoë]

3. はーぶ
(herb) [herbe]

4. びきに
(bikini)

5. なっつ
(nuts) [noix]

6. ぺっと
(pet) [animal de compagnie]

7. こね
(connection) [connexion]

8. はっぴー
(happy) [heureux]

9. ねくたい
(necktie) [cravate]

10. のーと
(notebook) [cahier]

第2課 4 *Katakana* (マ – ヨ)

I Exercez-vous à écrire les huit *katakana* suivants (de マ à ヨ).

ma マ	フ	マ	マ	マ	マ					
mi ミ	`	ミ	ミ	ミ	ミ					
	ミ									
mu ム	∠	ム	ム	ム	ム					
me メ	ノ	メ	メ	メ	メ					
mo モ	ー	ニ	モ	モ	モ					
	モ									
ya ヤ	ー	ヤ	ヤ	ヤ	ヤ					
yu ユ	フ	ユ	ユ	ユ	ユ					
	ユ									
yo ヨ	フ	ヲ	ヨ	ヨ	ヨ					
	ヨ									

II Écrivez les mots ci-dessous en *katakana*. Ces mots sont basés sur le vocabulaire anglais noté entre les parenthèses ( ).

1. めも
(memo) [mémo]

2. むーど
(mood) [humeur]

3. みに
(mini)

4. まや
(Maya)

5. よっと
(yacht)

6. ゆーざー
(user) [utilisateur]

7. きゃっぷ
(cap) [casquette]

8. しちゅー
(stew) [ragoût]

9. しょっく
(shock) [choc]

10. はーもにか
(harmonica)

第2課　5　*Katakana* (ラ – ン)

I Exercez-vous à écrire les huit *katakana* suivants (de ラ à ン).

ra	ラ	⁻ ラ	ラ	ラ	ラ					
ri	リ	丶 リ	リ	リ	リ					
ru	ル	ノ ル	ル	ル	ル					
re	レ	レ	レ	レ	レ					
ro	ロ	丶 ロ ロ	ロ	ロ	ロ					
wa	ワ	丶 ワ	ワ	ワ	ワ					
o (wo)	ヲ	⁻ ヲ =	ヲ	ヲ	ヲ					
n	ン	丶 ン	ン	ン	ン					

II Écrivez les mots ci-dessous en *katakana*. Ces mots sont basés sur le vocabulaire anglais noté entre les parenthèses (　).

Le petit *katakana* ェ est utilisé avec シ et チ pour retranscrire les sons « ché » et « tché ». Par exemple, シェパード (berger) et チェック (vérifier).

1. よーろっぱ
(Europe)

2. わっくす
(wax) [cire]

3. るーれっと
(roulette)

4. あふりか
(Africa) [Afrique]

5. らーめん
(ramen noodles) [nouilles ramen]

6. しぇーくすぴあ
(Shakespeare)

7. ちぇっくいん
(check-in) [s'enregistrer]

8 よーぐると
(yogurt) [yaourt]

第3課 1 Écriture des kanji

001	一	一	一	一					
002	二	二	二	二					
003	三	三	三	三					
004	四	四	四	四					
005	五	五	五	五					
006	六	六	六	六					
007	七	七	七	七					
008	八	八	八	八					
009	九	九	九	九					
010	十	十	十	十					
011	百	百	百	百					
012	千	千	千	千					
013	万	万	万	万					
014	円	円	円	円					
015	時	時	時	時					

第3課　2　Utilisation des kanji

I Écrivez les nombres en kanji.

1. 41

2. 300

3. 1 500

4. 2 890

5. 10 000

6. 67 000

7. 128 000

8. 1 000 000

II Écrivez en kanji.

1. A：これはいくらですか。　　B：＿＿＿＿＿＿＿です。
　　　　　　　　　　　　　　　　　　　ろっぴゃくえん

2. A：いまなん＿＿＿＿ですか。　　B：＿＿＿＿＿＿です。
　　　　　　　　じ　　　　　　　　　　　　よじ

III En utilisant les kanji que vous connaissez, traduisez les phrases en japonais.

1. Cette montre coûte 49 000 yens.

2. Ce sac-là coûte 5 300 yens.

3. Mme Yamanaka se lève à six heures.

4. Mme Kawaguchi va à l'université à sept heures.

5. M. Suzuki se couche habituellement vers minuit.

6. Je bois parfois un café dans un café. Le café coûte 380 yens.

第4課 1 Écriture des kanji

016	日	日	日	日						
017	本	本	本	本						
018	人	人	人	人						
019	月	月	月	月						
020	火	火	火	火						
021	水	水	水	水						
022	木	木	木	木						
023	金	金	金	金						
024	土	土	土	土						
025	曜	曜	曜	曜						
026	上	上	上	上						
027	下	下	下	下						
028	中	中	中	中						
029	半	半	半	半						

第4課 2 Utilisation des kanji

Ⅰ Écrivez les kanji et les lectures des mots suivants, comme dans l'exemple.

(Exemple) dimanche 　　日 曜 日
　　　　　　　　　（　にちようび　）

1. lundi 　　　＿＿＿＿＿＿＿　　　　4. jeudi 　　　＿＿＿＿＿＿＿
　　　　　（　　　　　　　）　　　　　　　　　　（　　　　　　　）

2. mardi 　　　＿＿＿＿＿＿＿　　　　5. vendredi 　＿＿＿＿＿＿＿
　　　　　（　　　　　　　）　　　　　　　　　　（　　　　　　　）

3. mercredi 　＿＿＿＿＿＿＿　　　　6. samedi 　　＿＿＿＿＿＿＿
　　　　　（　　　　　　　）　　　　　　　　　　（　　　　　　　）

Ⅱ Écrivez en kanji.

1. ＿＿＿＿＿＿ご の＿＿＿は か ば ん の＿＿＿で す。　2. ＿＿＿を の み ま す。
　　にほん　　　　　ほん　　　　　　　　なか　　　　　　　　　　みず

3. い ま、＿＿＿＿＿＿＿で す。　　　4. あ の＿＿＿は だ れ で す か。
　　　　　ろくじはん　　　　　　　　　　　　ひと

5. エ レ ベ ー タ ー (ascenseur) は＿＿＿に い き ま す か。＿＿＿に い き ま す か。
　　　　　　　　　　　　　　　うえ　　　　　　　　　　した

6. わ た し の と も だ ち は＿＿＿＿＿＿＿で す。
　　　　　　　　　　　　　にほんじん

Ⅲ En utilisant les kanji que vous connaissez, traduisez les phrases en japonais.

1. Je suis allé au restaurant avec un ami japonais vendredi.

2. Je me suis levé vers 10 h 30 samedi.

3. Je suis allé seul dans un temple en janvier.

第5課 1 Écriture des kanji

山	山	山	山				
川	川	川	川				
元	元	元	元				
気	気	気	気				
天	天	天	天				
私	私	私	私				
今	今	今	今				
田	田	田	田				
女	女	女	女				
男	男	男	男				
見	見	見	見				
行	行	行	行				
食	食	食	食				
飲	飲	飲	飲				

030 031 032 033 034 035 036 037 038 039 040 041 042 043

第5課 2 Utilisation des kanji

I Écrivez les combinaisons de kanji et de *hiragana* qui conviennent.

1. _____ですか。
   げんき

2. _____はいい_____ですね。
   きょう　　　　　　てんき

3. あの_____の_____は_____さんです。
   おとこ　　ひと　　やまかわ

4. あの_____の_____は_____さんです。
   おんな　　ひと　　やまだ

5. _____はきのう_____に_____。
   わたし　　　　　かわ　　　　いきました

6. ピザを_____。コーヒーを_____。
   たべました　　　　　　　　　　のみました

7. うちでテレビを_____。
   みました

II En utilisant les kanji que vous connaissez, traduisez les phrases en japonais.

1. Je suis actuellement au Japon.

2. Mme Tanaka va bien. M. Yamakawa ne va pas bien.

3. Je suis allé à la montagne avec une femme et un homme japonais.

4. J'ai bu un café avec mon ami mardi.

5. Mercredi, j'ai dîné à la maison, puis j'ai regardé la télévision.

第6課 1 Écriture des kanji

044 東	東	東	東				
045 西	西	西	西				
046 南	南	南	南				
047 北	北	北	北				
048 口	口	口	口				
049 出	出	出	出				
050 右	右	右	右				
051 左	左	左	左				
052 分	分	分	分				
053 先	先	先	先				
054 生	生	生	生				
055 大	大	大	大				
056 学	学	学	学				
057 外	外	外	外				
058 国	国	国	国				

第6課　2　Utilisation des kanji

I Écrivez les combinaisons de kanji et de *hiragana* qui conviennent.

1. _____ _____ _____ _____
　　ひがし　　にし　　みなみ　　きた

2. きのう_____。
　　　　　　でかけました

3. _____を_____、_____へ_____行ってください。
　　みなみぐち　　　　でて　　　　みぎ　　　ごふん

4. _____を_____、_____へ_____行ってください。
　　にしぐち　　　　　でて　　　ひだり　じゅっぷん

5. チョウさんは_____です。_____からきました。
　　　　　　　　だいがくせい　　　　　　ちゅうごく

6. _____はよく_____と_____に行きます。
　　せんせい　　　　　がくせい　　がいこく

II En utilisant les kanji que vous connaissez, traduisez les phrases en japonais.

1. Il y a beaucoup d'enseignants étrangers dans mon université.

2. L'université se trouve à gauche d'une banque.

3. Sortez par la sortie est et allez à droite, je vous prie.

4. Où est la sortie ?

5. J'ai attendu à la sortie nord pendant vingt minutes.

第7課 1 Écriture des kanji

059	京	京	京	京					
060	子	子	子	子					
061	小	小	小	小					
062	会	会	会	会					
063	社	社	社	社					
064	父	父	父	父					
065	母	母	母	母					
066	高	高	高	高					
067	校	校	校	校					
068	毎	毎	毎	毎					
069	語	語	語	語					
070	文	文	文	文					
071	帰	帰	帰	帰					
072	入	入	入	入					

第7課　2　Utilisation des kanji

Ⅰ Écrivez les combinaisons de kanji et de *hiragana* qui conviennent.

1. _____で_____さんの_____に_____。
   とうきょう　　きょうこ　　　　　　おとうさん　　　　　　　あいました

2. _____と_____は_____、_____に行きます。
   ちち　　　はは　　　まいにち　　　かいしゃ

3. _____は八時に_____に行って、五時に家に_____。
   こども　　　　　　　がっこう　　　　　　　　いえ　　　　　　かえりました

4. このケーキは_____、_____です。
   ちいさくて　　　　　　たかい

5. サークルに_____います。
   はいって

6. _____で_____と_____を勉強しました。
   こうこう　　　　　　にほんご　　　　ぶんがく　　べんきょう

Ⅱ En utilisant les kanji que vous connaissez, traduisez les phrases en japonais.

1. La petite sœur de Kyoko est lycéenne.

2. La mère de Kyoko travaille dans une petite entreprise.

3. Mon père rentre tard tous les jours.

4. J'étudie le japonais et la littérature.

5. Mme Minami parle un peu anglais.

第8課 1 Écriture des kanji

073	員	員	員	員					
074	新	新	新	新					
075	聞	聞	聞	聞					
076	作	作	作	作					
077	仕	仕	仕	仕					
078	事	事	事	事					
079	電	電	電	電					
080	車	車	車	車					
081	休	休	休	休					
082	言	言	言	言					
083	読	読	読	読					
084	思	思	思	思					
085	次	次	次	次					
086	何	何	何	何					

第8課　2　Utilisation des kanji

I Écrivez les combinaisons de kanji et de *hiragana* qui conviennent.

1. 川口さんは＿＿＿＿＿＿＿＿＿＿だと＿＿＿＿＿＿＿＿＿＿。
   かわぐち　　　かいしゃいん　　　　　　おもいます

2. 友だちは＿＿＿＿＿を＿＿＿＿＿と＿＿＿＿＿＿いました。
   とも　　　　しごと　　やすむ　　　　いって

3. ＿＿＿＿＿を＿＿＿＿＿＿＿。
   しんぶん　　　よみます

4. ＿＿＿＿＿＿＿＿＿ ＿＿＿＿＿を買いました。
   あたらしい　　　　くるま　　　か

5. ＿＿＿の＿＿＿＿＿は＿＿＿＿＿ですか。
   つぎ　　でんしゃ　　　なんじ

6. ＿＿＿＿＿の日にピザを＿＿＿＿＿＿＿＿＿＿＿。
   やすみ　　　　　　　　つくりました

II En utilisant les kanji que vous connaissez, traduisez les phrases en japonais.

1. J'écoute de la musique dans le train.

2. Allumez la lumière, s'il vous plaît.

3. Je pense que les employés d'entreprise au Japon sont occupés.

4. Que faites-vous pendant les vacances ?

5. Ma mère a dit qu'elle irait à Tokyo la semaine prochaine.

6. Le prochain train arrive à onze heures.

第9課 1 Écriture des kanji

087	午	午	午	午					
088	後	後	後	後					
089	前	前	前	前					
090	名	名	名	名					
091	白	白	白	白					
092	雨	雨	雨	雨					
093	書	書	書	書					
094	友	友	友	友					
095	間	間	間	間					
096	家	家	家	家					
097	話	話	話	話					
098	少	少	少	少					
099	古	古	古	古					
100	知	知	知	知					
101	来	来	来	来					

第9課　2　Utilisation des kanji

Ⅰ Écrivez les combinaisons de kanji et de *hiragana* qui conviennent.

1. ＿＿＿＿＿＿＿＿は＿＿＿＿が降っていました。
　　　ごぜんちゅう　　　あめ　　ふ

2. ＿＿＿＿は＿＿＿＿＿＿の＿＿＿に行って、＿＿＿＿＿＿＿＿＿＿。
　　ごご　　　ともだち　　いえ　　　　　　　　はなしました

3. この＿＿＿＿＿着物は＿＿＿＿＿＿ ＿＿＿＿＿＿です。
　　　しろい　　きもの　　すこし　　ふるい

4. あの人の＿＿＿＿＿を＿＿＿＿＿＿＿いますか。＿＿＿＿＿＿＿ください。
　　　　なまえ　　　　しって　　　　　　かいて

5. ＿＿＿＿＿＿＿＿待ちましたが、スーさんは＿＿＿＿＿＿＿＿＿＿＿＿＿。
　　　にじかん　　ま　　　　　　　　　　きませんでした

6. 今、＿＿＿＿＿＿がないから、クラスの＿＿＿＿、＿＿＿＿をしましょう。
　　　じかん　　　　　　　　　あと　　はなし

Ⅱ En utilisant les kanji que vous connaissez, traduisez les phrases en japonais.

1. J'ai écrit une lettre à mon ami dans l'après-midi.

2. J'ai lu un livre pendant une heure à la maison.

3. Le bureau de poste se trouve entre la banque et la librairie.

4. Mon ami est derrière le professeur.

5. L'arrêt de bus se trouve devant l'université.

6. Je vous appellerai plus tard.

第10課　1　Écriture des kanji

102 住	住	住	住					
103 正	正	正	正					
104 年	年	年	年					
105 売	売	売	売					
106 買	買	買	買					
107 町	町	町	町					
108 長	長	長	長					
109 道	道	道	道					
110 雪	雪	雪	雪					
111 立	立	立	立					
112 自	自	自	自					
113 夜	夜	夜	夜					
114 朝	朝	朝	朝					
115 持	持	持	持					

第10課 2 Utilisation des kanji

I Écrivez les combinaisons de kanji et de *hiragana* qui conviennent.

1. _____、この_____に_____つもりです。
   らいねん　　　　　まち　　　　すむ

2. _____の_____に_____が降りました。
   ことし　　　　おしょうがつ　　　　ゆき　　ふ

3. _____の時計を_____、友だちのプレゼントを_____。
   じぶん　　とけい　　　　うって　　　　　　　　　　　　　　かいました

4. _____におじぞうさんが_____います。
   みち　　　　　　　　　　たって

5. あしたの_____、かさを_____きてください。
   あさ　　　　　　　　もって

6. _____が_____なりました。
   よる　　　ながく

II En utilisant les kanji que vous connaissez, traduisez les phrases en japonais.

1. Je vais devenir étudiant de troisième année cette année.

2. Il a neigé ce matin.

3. J'ai vendu ma vieille voiture et j'en ai acheté une nouvelle.

4. Mme Yamada est grande et a les cheveux longs.

5. Voulez-vous que je porte votre sac ?

6. Une nouvelle année commencera demain.

第11課　1　Écriture des kanji

116 手	手	手	手					
117 紙	紙	紙	紙					
118 好	好	好	好					
119 近	近	近	近					
120 明	明	明	明					
121 病	病	病	病					
122 院	院	院	院					
123 映	映	映	映					
124 画	画	画	画					
125 歌	歌	歌	歌					
126 市	市	市	市					
127 所	所	所	所					
128 勉	勉	勉	勉					
129 強	強	強	強					
130 有	有	有	有					
131 旅	旅	旅	旅					

第11課　2　Utilisation des kanji

I Écrivez les combinaisons de kanji et de *hiragana* qui conviennent.

1. 友だちから＿＿＿＿＿をもらいました。とても＿＿＿＿＿＿＿人です。
　　　　　　　　てがみ　　　　　　　　　　　　　　あかるい

2. ＿＿＿＿＿を見たり、＿＿＿＿＿＿＿＿して、日本語を＿＿＿＿＿します。
　　えいが　　　　　　　うたったり　　　　　　　　べんきょう

3. 家の＿＿＿＿＿に＿＿＿＿＿があります。
　　　　ちかく　　　びょういん

4. 父は＿＿＿＿＿が＿＿＿＿＿です。
　　　　りょこう　　　すき

5. 鎌倉＿＿＿＿に住んでいます。とても＿＿＿＿＿な＿＿＿です。
　かまくら　し　　　　　　　　　　　　　　ゆうめい　　ところ

6. ＿＿＿が＿＿＿＿＿＿です。しょうらい、＿＿＿＿＿になりたいです。
　　うた　　だいすき　　　　　　　　　　　かしゅ

II En utilisant les kanji que vous connaissez, traduisez les phrases en japonais.

1. Pendant mes jours de repos, je regarde des films, je chante des chansons, etc.

2. Mon ami vit dans mon quartier.

3. Comme j'étais malade, je n'ai pas voyagé.

4. Écrivez-moi une lettre, s'il vous plaît.

5. Je n'ai jamais étudié de langue étrangère.

第12課 1 Écriture des kanji

132 昔	昔	昔	昔					
133 々	々	々	々					
134 神	神	神	神					
135 早	早	早	早					
136 起	起	起	起					
137 牛	牛	牛	牛					
138 使	使	使	使					
139 働	働	働	働					
140 連	連	連	連					
141 別	別	別	別					
142 度	度	度	度					
143 赤	赤	赤	赤					
144 青	青	青	青					
145 色	色	色	色					

第12課　2　Utilisation des kanji

I Écrivez les combinaisons de kanji et de *hiragana* qui conviennent.

1. ＿＿＿＿＿＿＿＿＿、ある所に＿＿＿＿＿＿がいました。
　　　むかしむかし　　　　　　　　かみさま

2. ＿＿＿＿＿＿は＿＿＿＿を＿＿＿＿＿＿＿＿、＿＿＿＿＿＿＿＿＿いました。
　　ひとびと　　　うし　　　　つかって　　　　　　　はたらいて

3. 「＿＿＿＿＿＿は大変ですか。」「＿＿＿＿＿大変じゃないです。」
　　　べんきょう　たいへん　　　　　　べつに　たいへん

4. 大人は＿＿＿＿＿＿ ＿＿＿、子どもは＿＿＿＿＿＿ ＿＿＿のＴシャツを着ています。
　おとな　あかい　　いろ　　　　　　　あおい　　いろ　ティー　　　　　き

5. ＿＿＿＿＿＿の休みに、友だちを＿＿＿＿＿＿＿＿ ＿＿＿＿＿＿＿＿。
　　こんど　　　　　　　　　　　つれて　　　　かえります

6. ＿＿＿＿＿＿の前で、友だちと＿＿＿＿＿＿＿＿＿＿。
　　じんじゃ　　　　　　　　　わかれました

II En utilisant les kanji que vous connaissez, traduisez les phrases en japonais.

1. J'aime le rouge et le bleu.

2. Je suis allé à Tokyo une fois.

3. Je n'aime pas me lever tôt le matin.

4. Je ne veux pas me séparer de vous.

5. Puis-je utiliser un téléphone ?

6. Je dois travailler dimanche.